VORWORT

Eine holländische Freundin besuchte 1996 Kalkutta in Indien, um für das Land zu beten. Drei Wochen später, als der Tag ihrer Abreise nahte, erkannte sie, dass die einheimischen Gläubigen, mit denen sie zusammen gearbeitet hatte, zurück bleiben mussten, um die Arbeit in dieser großen Stadt fortzusetzen. Viele waren darüber nicht sehr begeistert. Negative Worte jedoch trugen nicht zur Besserung der Situation bei, und unsere Freundin glaubte, dass man dem etwas Positives entgegen setzen sollte. Wäre es nicht wunderbar, wenn die Menschen damit anfingen, lebendige Worte aus Gottes Heiliger Schrift über der Stadt zu proklamieren?

Dies war der Anfang des Gebetskalenders für die Stadt („Blessing Calendar for the City"), mit einem Segen für jeden Tag des Jahres. In den folgenden Jahren wurde dieser Gebetskalender für Großstädte im Allgemeinen benutzt. Und jedes Mal, wenn unsere Freundin eine größere Stadt besuchte, ließ sie ein Exemplar dieses Segen bringenden Gebetskalenders zurück.

Als unsere Freundin 2010 nach Jerusalem kam, erhielten auch wir ein Exemplar dieses Büchleins. Als ich dann vorschlug, ein ähnliches Buch mit Segensgebeten für Jerusalem zu produzieren, war das eine Antwort auf ihre Gebete.
Zunächst wurde eine niederländische Ausgabe publiziert, dann eine englische Ausgabe und jetzt liegt dieser einzigartige Gebetskalender auch in deutscher Sprache vor, - ein praktisches Werkzeug, um die Stadt des Großen Königs – Jerusalem - zu segnen.

Alle, die dir und deinen Nachkommen Gutes wünschen,
haben auch von mir Gutes zu erwarten.
Aber wenn jemand euch Böses wünscht,
bringe ich Unglück über ihn. Alle Völker der Erde werden
Glück und Segen erlangen, wenn sie dir und deinen
Nachkommen wohlgesonnen sind.
1 Mose 12:3

Wie funktioniert der Gebetskalender?

An jedem **ersten** Tag des Monats beten wir für den Frieden Jerusalems. Am **zweiten** Tag sollen die Gläubigen und Gemeinden der Stadt gesegnet werden. Am **zehnten** Tag jeden Monats beten wir für den Frieden und das Wohlergehen von Jerusalem. Am **elften** Tag bringen wir die verantwortlichen Politiker und die Regierung Israels vor Gottes Thron. Am **zwanzigsten** Tag beten wir für die Witwen, Waisen und Fremden in der Stadt. Für den **dreißigsten** und **einunddreißigsten** Tag eines jeden Monats sind die Gebete immer gleich: Wir segnen die Stadt, dessen Gott der HERR ist, im Hinblick auf die kommende Zeit, wenn Jerusalem einen neuen Namen erhalten wird: „Stadt Gottes".

Die meisten der genannten Tage haben dieselben Schriftstellen zur Grundlage. Der Monat Januar beginnt mit Bibelstellen aus dem 1. Buch Mose, und der Monat Dezember schließt mit Versen aus dem Buch der Offenbarung.

Der ursprüngliche „Blessing Calendar" gab nur Hinweise auf Schriftstellen. In diesem Buch jedoch werden ganze Bibelverse aus der Schlachter Bibelübersetzung von 1951 und 2000 zitiert. Doch dem Leser wird empfohlen, immer seine eigene Bibel zur Hand zu haben, um den ganzen Kontext der angegebenen Verse zu lesen. Manchmal ist es auch sinnvoll, eine andere Bibelübersetzung zu verwenden, die ein frisches Verständnis der Segensworte vermittelt, die der Leser über der Stadt des Großen Königs proklamiert.

Der HERR segne dich,
der auf dem Zionsberg wohnt!
Solange du lebst, sollst du sehen,
dass es Jerusalem gut geht.

Psalm 128:5

Wünscht Jerusalem Glück und Frieden:
Allen, die dich lieben, soll es gut gehen!
In deinen Mauern herrsche
Sicherheit und Wohlstand,
deinen Häusern bleibe die Sorge fern!
Weil ich meine Brüder und Freunde liebe,
sage ich:
Ich wünsche dir Glück und Frieden!
Weil in dir das Haus des HERRN,
unseres Gottes, steht,
freue ich mich, wenn es dir gut geht.
Psalm 122:6-9

JERUSALEM UND DIE FESTE DES HERRN

In 3. Mose 23,1-44 lesen wir, wie Gott, der HERR, dem jüdischen Volk seine Feste gab. Zu biblischer Zeit begann das Jüdische Neujahrsfest (Rosch Haschana) mit der Erinnerung an den Exodus aus Ägypten. Jahrhunderte später wurde Rosch Haschana dann um den Monat September gefeiert.

Religiöse Juden folgen dem jüdischen Mondkalender, während die westliche Welt sich an den Gregorianischen Kalender hält. Deshalb ändern sich die Zeiten für die jüdischen Feste jedes Jahr. In Israel beginnt der neue Tag mit Sonnenuntergang, wenn drei Sterne am Himmel sichtbar sind.

Allgemein kann man sagen, dass Pessach (das Passahfest) gewöhnlich in den April fällt; Schawuot (das Wochenfest, Pfingsten) fällt gewöhnlich in den Mai. Im September/Oktober wird Rosch Haschana gefeiert sowie Jom Kippur (der Große Versöhnungstag) und Sukkot (das Laubhüttenfest).

Pessach, Schawuot und Sukkot waren die sogenannten Wallfahrtsfeste. Dreimal im Jahr mussten alle jüdischen Männer vor Gott in Zion erscheinen, um die „Feste des Herrn“ zu feiern.

Purim (von „Pur“ = Los) gehört nicht zu den „Festen des Herrn“. Es wird – normalerweise im März - mit viel Freude gefeiert, wenn das Buch Ester in der Synagoge gelesen wird.
Gedenktage sind von äußerster Wichtigkeit für das jüdische Volk. Am Holocaust-Gedenktag (Jom HaSchoah) wird der sechs Millionen Juden gedacht, die von den Nazis im Holocaust während des II. Weltkrieges ermordet wurden. Am Jom HaSikaron erinnern wir uns an die gefallenen Soldaten Israels, die ihr Leben im Kampf

für Israel in den vielen Kriegen lassen mussten; darin eingeschlossen sind auch die Terroropfer. Diese Gedenktage fallen in der Regel in den Mai.

In der Vergangenheit und auch in der Zukunft wird Jerusalem immer der zentrale Ort für jüdische Menschen aus aller Welt sein, die dort ihre Feste feiern.

In diesem Gebetskalender enthalten die besonderen Fest-Monate zusätzliche Informationen.

Wenn es den
Gerechten
wohlgeht,
so freut sich
die ganze
Stadt.

Sprüche 11,10

JANUAR

Er, der in Jerusalem wohnt,
soll auf dem Zionsberg
gepriesen werden!
Preist den HERRN – Halleluja!
Psalm 135:21

JANUAR

TAG 1 ~ BITTET FÜR DEN FRIEDEN JERUSALEMS.
Bittet für den Frieden Jerusalems! Es gehe wohl denen, die dich lieben!
Psalm 122,6

TAG 2 ~ GOTT MÖGE SEINEN GEIST ÜBER DAS HAUS ISRAEL AUSGIESSEN.
Und ich will fortan mein Angesicht nicht mehr vor ihnen verbergen, weil ich meinen
Geist über das Haus Israel ausgegossen habe, spricht Gott, der HERR.
Hesekiel 39,29

TAG 3 ~ Es werde Licht !
Und Gott sprach: Es werde Licht! Und es ward Licht. 1. Mose 1,3

TAG 4 ~ Gott gebe dir vom Tau des Himmels.
Gott gebe dir vom Tau des Himmels und vom fettesten Boden und Korn und Most die Fülle.1. Mose 27,28

TAG 5 ~ Der HERR sei deine Stärke und dein Lobgesang.
Der HERR ist meine Kraft und mein Psalm, und er ward mir zum Heil! Das ist mein starker Gott, ich will ihn preisen; er ist meines Vaters Gott, ich will ihn erheben. 2. Mose 15,2

TAG 6 ~ Der HERR sei dein Heil.
Der HERR ist meine Kraft und mein Psalm, und er ward mir zum Heil! Das ist mein starker Gott, ich will ihn preisen; er ist meines Vaters Gott, ich will ihn erheben. 2. Mose 15,2

TAG 7 ~ Für den Gehorsamen wird Gott streiten.
Wirst du aber seiner Stimme gehorchen und alles tun, was ich sage, so will ich deine Feinde befehden und deinen Widersachern widerwärtig sein.
2. Mose 23,22

TAG 8 ~ Gott kennt dich mit Namen, und du hast Gnade vor seinen Augen gefunden.
Und Mose sprach zum HERRN: Siehe, du sprichst zu mir: Führe das Volk hinauf; und du lässest mich nicht wissen, wen du mit mir senden willst, und doch hast du gesagt: Ich kenne dich mit Namen, und du hast Gnade vor meinen Augen gefunden. 2. Mose 33,12

TAG 9 ~ Gott selbst soll mit dir gehen und dich zur Ruhe führen.
Er sprach: Soll ich selbst gehen und dich zur Ruhe führen? 2. Mose 33,14

TAG 10 ~ SUCHT DEN FRIEDEN UND DAS WOHLERGEHEN DER STADT.
Suchet auch den Frieden der Stadt, dahin ich euch habe gefangen führen lassen; denn in ihrem Frieden werdet auch ihr Frieden haben! Jeremia 29,7

TAG 11 ~ DEINE MACHTHABER SOLLEN NICHT IN SCHONUNGSLOSER HÄRTE ÜBER DICH HERRSCHEN, SONDERN IN EHRFURCHT VOR GOTT.
Du sollst nicht mit Strenge über ihn herrschen, sondern sollst dich fürchten vor deinem Gott. 3. Mose 25,43

TAG 12 ~ Gott möge die Stäbe eures Joches zerbrechen.
Ich, der HERR, bin euer Gott, der ich euch aus Ägypten geführt habe, daß ihr nicht ihre Knechte sein solltet; und ich zerbrach die Stäbe eures Joches und ließ euch aufrecht gehen. 3. Mose 26,13

TAG 13 ~ Gott befreie euch und lasse euch aufrecht gehen.
Ich, der HERR, bin euer Gott, der ich euch aus Ägypten geführt habe, daß ihr nicht ihre Knechte sein solltet; und ich zerbrach die Stäbe eures Joches und ließ euch aufrecht gehen. 3. Mose 26,13

TAG 14 ~ Die Hand des HERRN ist nicht zu kurz.
Der HERR aber sprach zu Mose: Ist denn die Hand des HERRN verkürzt? Jetzt sollst du sehen, ob mein Wort eintreffen wird vor dir oder nicht! 4. Mose 11,23

Horch, die Wächter der Stadt rufen laut, sie jubeln vor Freude; denn sie sehen mit eigenen Augen, wie der HERR auf den Berg Zion zurückkehrt. Jesaja 52: 8

TAG 15 ~ Der HERR segne dich und behüte dich! 4. Mose 6,24

TAG 16 ~ Der HERR lasse dir sein Angesicht leuchten und sei dir gnädig! 4. Mose 6,25

TAG 17 ~ Der HERR erhebe sein Angesicht auf dich und gebe dir Frieden! 4. Mose 6,26

TAG 18 ~ Gott sei dein Lobpreis und Dank.
Er ist dein Lob, und Er ist dein Gott, der bei dir solch große und schreckliche Dinge getan, welche deine Augen gesehen haben.
5. Mose 10,21

TAG 19 ~ Gott sei deine Hilfe und dein Sieg.
Denn der HERR, euer Gott, geht mit euch, daß er für euch mit euren Feinden streite, um euch zu helfen. 5. Mose 20,4

TAG 20 ~ DEN GERECHTEN SOLL ES WOHLERGEHEN, DAMIT DIE GANZE STADT SICH FREUT.
Wenn es den Gerechten wohlgeht, so freut sich die ganze Stadt; und wenn die Gottlosen umkommen, so jubelt man. Sprüche 11,10

TAG 21 ~ DEN WAISEN, WITWEN UND FREMDEN SOLL ZU IHREM RECHT VERHOLFEN WERDEN.
Der da Recht schafft dem Waislein und der Witwe und die Fremdlinge lieb hat, daß er ihnen Speise und Kleider gebe. 5. Mose 10,18

TAG 22 ~ Der HERR, dein Gott, möge das Zentrum deines Lebens sein.
Indem du den HERRN, deinen Gott, liebst, seiner Stimme gehorchst und ihm anhangst; denn das ist dein Leben und bedeutet Verlängerung deiner Tage, die du zubringen darfst im Lande, das der HERR deinen Vätern, Abraham, Isaak und Jakob, zu geben geschworen hat. 5. Mose 30,20

TAG 23 ~ Der HERR wird dich nicht verlassen, Jerusalem. Sei tapfer und stark!
Seid tapfer und stark, fürchtet euch nicht und lasset euch nicht vor ihnen grauen; denn der HERR, dein Gott, geht selbst mit dir; er wird die Hände nicht von dir abtun, noch dich verlassen! 5. Mose 31,6

TAG 24 ~ Gott möge dich beschützen und auf dich achtgeben.
Er beschützte ihn, gab acht auf ihn und behütete ihn wie seinen Augapfel. 5. Mose 32,10

TAG 25 ~ Gott möge Jerusalem behüten wie seinen Augapfel.
Er beschützte ihn, gab acht auf ihn und behütete ihn wie seinen Augapfel. 5. Mose 32,10

TAG 26 ~ Jerusalem soll leben!
Ruben lebe und sterbe nicht; seine Leute sollen zu zählen sein!
5. Mose 33,6

TAG 27 ~ Oh HERR, hilf Jerusalem, schenk Rettung vor den Feinden!
Und für Juda sprach er: HERR, du wollest Judas Stimme hören und ihn bringen zu seinem Volk! Hat er mit seinen Händen zu streiten, so hilf du ihm vor seinen Feinden! 5. Mose 33,7

TAG 28 ~ Segne das Werk ihrer Hände.
Segne, HERR, sein Vermögen, und laß dir seiner Hände Werk gefallen; zerschmettere die Lenden seiner Widersacher und seiner Hasser, damit sie nicht aufkommen. 5. Mose 33,11

TAG 29 ~ Möge Jerusalem sicher wohnen.
Zu Benjamin sprach er: Des Herrn Liebling möge sicher wohnen; ihn schirme er, ja ihn, den ganzen Tag, und wohne zwischen seinen Schultern. 5. Mose 33,12

TAG 30 ~ GESEGNET SEI DIE STADT, DEREN GOTT DER HERR IST.
Wohl dem Volk, dessen Gott der HERR ist, dem Volk, das er sich zum Erbe erwählt hat! Psalm 33,12

TAG 31 ~ Der Name der Stadt soll lauten: DER HERR IST HIER – JAHWEH SCHAMMA:
Und der Name der Stadt soll fortan lauten: 'Der HERR ist hier!' Hesekiel 48,35

NOTIZEN

FEBRUAR

Freut euch und jubelt, ihr Bewohner der Zionsstadt! sagt der HERR. Ich komme und wohne mitten unter euch.
Sacharja 2:14

FEBRUAR

TAG 1 ~ BITTET FÜR DEN FRIEDEN JERUSALEMS.
Bittet für den Frieden Jerusalems! Es gehe wohl denen, die dich lieben! Psalm 122,6

TAG 2 ~ GOTT MÖGE DIE GLÄUBIGEN STÄRKEN.
Und ich will das Haus Juda stärken und das Haus Joseph erretten und will sie heimkehren lassen, weil ich Erbarmen mit ihnen habe; und sie sollen sein, als hätte ich sie niemals verworfen; denn ich, der HERR, bin ihr Gott und will sie erhören. Sacharja 10,6

TAG 3 ~ Gott segne die Stadt -
Mit der köstlichen Frucht, die in der Sonne reift, und mit den köstlichen Früchten, welche die Monde sprossen lassen. 5. Mose 33,14

TAG 4 ~ Die besten Gaben der Erde sollen dir gebracht werden.Und vom Kostbarsten des Landes und seiner Fülle; und das Wohlgefallen dessen, der im Dornbusch wohnt, es komme auf das Haupt Josephs und auf den Scheitel des Geweihten unter seinen Brüdern. 5. Mose 33,16

TAG 5 ~ Möge der HERR Jerusalem Seine Gunst zeigen
Und über Naphtali sprach er: „Naphtali ist gesättigt mit Wohlgefallen und voll vom Segen des HERRN; Westen und Süden nehme er in Besitz!“
5. Mose 33,23

TAG 6 ~ Gott sei euer ewiger Zufluchtsort.
Eine Zuflucht ist [dir] der Gott der Urzeit, und unter dir sind ewige Arme. Er hat den Feind vor dir her gejagt und zu dir gesagt: Vertilge!
5. Mose 33,27

TAG 7 ~ Du, Jerusalem, sollst gesegnet sein!
Wohl dir, Israel! Wer ist dir gleich, du Volk, das durch den HERRN gerettet ist? Er ist dein hilfreicher Schild und dein siegreiches Schwert. Deine Feinde werden dir Ergebung heucheln, du aber sollst über ihre

Höhen hinwegschreiten! 5. Mose 33,29

TAG 8 ~ Möge Gott für dich streiten.
Ein einziger von euch jagt tausend; denn der HERR, euer Gott, kämpft für euch, wie er euch verheißen hat. Josua 23,10

TAG 9 ~ Singt dem HERRN zur Ehre.
Hört zu, ihr Könige, horcht auf, ihr Fürsten! Ich will, ja ich will dem HERRN singen! Ich will spielen d.h. singen mit Instrumentalbegleitung. dem HERRN, dem Gott Israels. Richter 5,3

TAG 10 ~ SUCHT DEN FRIEDEN UND DAS WOHLERGEHEN DER STADT.
Und sucht den Frieden der Stadt, in die ich euch weggeführt habe, und betet für sie zum HERRN; denn in ihrem Frieden werdet auch ihr Frieden haben! Jeremia 29,7

TAG 11 ~ MÖGEN DEINE HERRSCHER IN DER FURCHT GOTTES EGIEREN.
Der Gott Israels hat geredet, zu mir hat der Fels Israels gesprochen: Ein gerechter Herrscher über die Menschen, ein Herrscher in der Furcht Gottes. 2. Samuel 23,3

TAG 12: Die gerechten Taten des HERRN soll man preisen
Fern vom Lärm der Bogenschützen, zwischen den Schöpfrinnen, dort soll man preisen die gerechten Taten des HERRN, die gerechten Taten seines Führers in Israel! Dann wird das Volk des HERRN zu den Toren hinabziehen. Richter 5,11

TAG 13: Mögen deine Feinde umkommen, o Jerusalem!
So müssen alle deine Feinde umkommen, o HERR! Richter 5,31

TAG 14: Die den HERRN lieben, sollen gesegnet sein.
Die aber Ihn lieben, sollen sein wie die Sonne, wenn sie aufgeht in ihrer Macht! Richter 5,31

Gebet für die arabische Bevölkerung Jerusalems

TAG 15: Der HERR sei mit dir und segne dich.
Und siehe, Boas kam von Bethlehem her und sprach zu den Schnittern: Der HERR sei mit euch! Und sie antworteten ihm: Der HERR segne dich! Rut 2,4

TAG 16: Der HERR sei mit dir und segne dich.
Der wird nun deine Seele erquicken und dich in deinem Alter versorgen; denn deine Schwiegertochter, die dich liebt, hat ihn geboren, sie, die dir mehr wert ist als sieben Söhne. Rut 4,15

TAG 17: ER wird seine Heiligen behüten.
Er wird die Füße seiner Getreuen behüten; aber die Gottlosen verstummen in der Finsternis; denn der Mensch vermag nichts aus [eigener]Kraft. 1. Samuel 2,9

TAG 18: Der HERR sei dein Fels, deine Festung und dein Befreier. Der Herr ist mein Fels, meine Burg und mein Retter. 2. Samuel 22,2

TAG 19: Der HERR sei dein Retter.
Gott ist mein Fels, in dem ich mich berge, mein Schild und das Horn meines Heils, meine sichere Festung und meine Zuflucht, mein Retter, der mich von Gewalttat befreit 2. Samuel 22,3

TAG 20: DEN GERECHTEN SOLL ES WOHLERGEHEN, DAMIT DIE GANZE STADT SICH FREUT.
Wenn es den Gerechten wohlgeht, so freut sich die ganze Stadt, und wenn die Gottlosen umkommen, so jubelt man. Sprüche 11,10

TAG 21: MÖGE DER HERR DIE ARMEN ERHÖHEN UND DIE GERINGEN ERHEBEN
Er erhebt den Geringen aus dem Staub; aus dem Kot erhöht er den Armen, damit er sie sitzen lasse unter den Fürsten und sie den Thron der Herrlichkeit erben lasse. Denn die Grundfesten der Erde gehören dem HERRN, und er hat den Erdkreis auf sie gestellt. 1. Samuel 2,8

TAG 22: HERR, zeige Jerusalem Deine Barmherzigkeit.
Gegen den Gütigen erzeigst du dich gütig, gegen den Rechtschaffenen rechtschaffen. 2. Samuel 22,26

TAG 23: Der HERR mache deine Finsternis licht.
Denn *du*, HERR, bist meine Leuchte; der HERR macht meine Finsternis licht. 2. Samuel 22,29

TAG 24: Der HERR umgürte dich mit Kraft.
Gott ist es, der mich umgürtet mit Kraft und meinen Weg unsträflich macht. 2. Samuel 22,33

TAG 25: Der HERR lehre deine Hände für den Kampf.
Er lehrt meine Hände kämpfen und meine Arme den ehernen Bogen spannen. 2. Samuel 22,35

TAG 26: Der HERR möge dich retten.
Er rettete mich von meinem mächtigen Feind, von meinen Hassern, die mir zu stark waren. 2. Samuel 22,18

TAG 27: Jerusalem soll ein sicherer Wohnort sein.
Und Juda und Israel wohnten sicher, jeder unter seinem Weinstock und unter seinem Feigenbaum, von Dan bis Beerscheba, solange Salomo lebte. 1. Könige 5,5

TAG 28: Mögen die Augen des HERRN auf dich gerichtet sein.
Und der HERR sprach zu ihm: »Ich habe dein Gebet und dein Flehen erhört, das du vor mir gebetet hast. Ich habe dieses Haus, das du gebaut hast, geheiligt, um meinen Namen dort wohnen zu lassen ewiglich; und meine Augen und mein Herz sollen allezeit dort sein. 1. Könige 9,3

TAG 29: GESEGNET SEI DIE STADT, DEREN GOTT DER HERR IST. Wohl dem Volk, dessen Gott der HERR ist, dem Volk, das er sich zum Erbe erwählt hat! Psalm 33,12

NOTIZEN

MÄRZ

Der bleiche Mond wird rot vor Scham und die glühende Sonne bleich vor Schande, denn der HERR, der Herrscher der Welt, wird auf dem Zionsberg und in Jerusalem als König herrschen. Und die Ältesten des Volkes werden seine Macht und Hoheit sehen.
Jesaja 24:23

Jüdische Festtage im März

Purim ~ Esther 9. 22-24

Zur Erinnerung an die Tage, die ihnen Ruhe und Rettung vor ihren Feinden gebracht hatten, und an den Monat, in dem sich ihr Kummer in Freude und ihre Trauer in Jubel verwandelt hatte. ...Die Juden ...begingen von da an Jahr für Jahr das Fest, das sie damals nach ihrer Rettung gefeiert hatten. Weil der Judenfeind Haman die Juden völlig vernichten wollte.

MÄRZ

TAG 1 ~ BITTET FÜR DEN FRIEDEN JERUSALEMS.
Bittet für den Frieden Jerusalems! Es gehe wohl denen, die dich lieben! Psalm 122,6

TAG 2 ~ HERR, GIESSE DEN GEIST DER GNADE UND DES GEBETS ÜBER DIE GLÄUBIGEN AUS!
Aber über das Haus David und über die Einwohner von Jerusalem will ich ausgießen den Geist der Gnade und des Gebets, und sie werden auf mich sehen, den sie durchstochen haben, und sie werden um ihn klagen, wie man klagt um ein einziges Kind, und sie werden bitterlich über ihn weinen, wie man bitterlich weint über einen Erstgeborenen. Sacharja 12,10

TAG 3 ~ Befreie Jerusalem aus der Hand ihrer Feinde, O HERR!
Nun aber, HERR, unser Gott, hilf uns doch aus seiner Hand, damit alle Königreiche auf Erden erkennen, daß du, HERR, allein Gott bist! 2. Könige 19,19

TAG 4 ~ Möge Gott die Stadt verteidigen.
Und ich will diese Stadt beschirmen, daß ich ihr helfe um meinetwillen und um meines Knechtes David willen. 2. Könige 19,34

TAG 5 ~ Das Volk sei gesegnet im Namen des HERRN.
Und nachdem David die Brandopfer und Dankopfer vollbracht hatte, segnete er das Volk im Namen des HERRN. 1. Chronik 16,2

TAG 6 ~ Alle, die Dich suchen, sollen sich freuen.
Rühmet euch seines heiligen Namens! Es freue sich das Herz derer, die den HERRN suchen. 1. Chronik 16,10

TAG 7 ~ Möge Jerusalem zu Gott aufschauen.
Fraget nach dem HERRN und nach seiner Macht, suchet sein Angesicht allezeit. 1. Chronik 16,11

TAG 8 ~ Mögest DU hochgelobt und in Ehrfurcht gepriesen sein, O HERR!
Denn groß ist der HERR und hochgelobt, furchtbar ist er über alle Götter! 1. Chronik 16,25

TAG 9 ~ Gott sei dein Vater.
Ich will sein Vater sein, und er soll mein Sohn sein. Und ich will meine Barmherzigkeit nicht von ihm wenden, wie ich sie von dem gewendet habe, der vor dir war. 1. Chronik 17,13

TAG 10 ~ SUCHT DEN FRIEDEN UND DAS WOHLERGEHEN DER STADT.
Suchet auch den Frieden der Stadt, dahin ich euch habe gefangen führen lassen; denn in ihrem Frieden werdet auch ihr Frieden haben!
Jeremia 29,7

TAG 11 ~ Mögen viele für das Gute in der Stadt arbeiten und sich einsetzen für das Wohlergehen der Bürger Jerusalems.
Denn der Jude Mardochai war der Nächste nach dem König Ahasveros und groß unter den Juden und beliebt bei der Menge seiner Brüder, weil er das Beste seines Volkes suchte und mit all seinem Geschlecht freundlich redete! Esther 10,3

TAG 12 ~ Möge Gott Seine Liebe für dich niemals hinweg nehmen.
Ich will sein Vater sein, und er soll mein Sohn sein. Und ich will meine Barmherzigkeit nicht von ihm wenden, wie ich sie von dem gewendet habe, der vor dir war. 1. Chronik 17,13

TAG 13 ~ Alle, die Dich suchen, sollen Dich auch finden.
Und du, mein Sohn Salomo, erkenne den Gott deines Vaters und diene ihm von ganzem Herzen und mit williger Seele! Denn der HERR erforscht alle Herzen und versteht alles Dichten der Gedanken. Wirst du ihn suchen, so wirst du ihn finden; wirst du ihn aber verlassen, so wird er dich verwerfen ewiglich. 1. Chronik 28,9

TAG 14 ~ Segne die Priester (Kohanim) und Gläubigen in Jerusalem
Und mache dich nun auf, o Gott, HERR, zu deiner Ruhe, du und die Lade deiner Macht! Laß deine Priester, o Gott, HERR, mit Heil angetan werden und deine Frommen sich freuen über das Gute. 2. Chronik 6,41

TAG 15 ~ Segne alle, die Dir ganz hingegeben sind.
Denn die Augen des HERRN durchstreifen die ganze Erde, um sich mächtig zu erzeigen an denen, die von ganzem Herzen ihm ergeben sind. Du hast hierin töricht gehandelt; darum wirst du von nun an Krieg haben. 2. Chronik 16,9

TAG 16 ~ Möge Jerusalem Dich von ganzem Herzen suchen, O HERR.
Und Juda kam zusammen, den HERRN zu suchen; auch aus allen Städten Judas kamen sie, den HERRN zu suchen. 2. Chronik 20,4

TAG 17 ~ Gottes Hand sei über dir.
„… und der mir Gnade zugewandt hat vor dem Könige und seinen Räten und vor allen gewaltigen Fürsten des Königs! Und so faßte ich Mut, weil die Hand des HERRN, meines Gottes, über mir war, und versammelte die Häupter von Israel, daß sie mit mir hinaufzögen." Esra 7,28

TAG 18 ~ Gott erleuchte deine Augen und sende dir Hilfe und Befreiung.
Nun aber ist uns für einen kleinen Augenblick Gnade von dem HERRN, unserm Gott, widerfahren, indem er uns einen Rest von Entronnenen übrigließ und uns an seiner heiligen Stätte einen Halt gab, womit unser Gott unsere Augen erleuchtete und uns ein wenig aufleben ließ in unsrer Knechtschaft. Esra 9,8

TAG 19 ~ Möge Gott barmherzig sein.
Und ich befahl den Leviten, sich zu reinigen und zu kommen und die Tore zu hüten, damit der Sabbattag geheiligt werde. Mein Gott, gedenke mir dessen auch, und schone meiner nach deiner großen Barmherzigkeit. Nehemia 13,22

TAG 20 ~ Den Gerechten soll es wohlergehen, damit die ganze Stadt sich freut.
Wenn es den Gerechten wohlgeht, so freut sich die ganze Stadt; und wenn die Gottlosen umkommen, so jubelt man. Sprüche 11,10

TAG 21 ~ Die Gerechten sollen sich für das Recht der Armen einsetzen.
Der Gerechte berücksichtigt das Recht der Armen; der Gottlose aber ist rücksichtslos. Sprüche 29,7

TAG 22 ~ Du sollst lauter und aufrichtig sein.
Wirst du lauter und aufrichtig sein, so wird er für dich eifern und die Zierde deiner Gerechtigkeit wieder herstellen. Hiob 8,6

TAG 23 ~ Es soll dir wohlergehen in deiner Zukunft.
Da wird dein früheres Glück im Vergleich zu deinem spätern klein sein. Hiob 8,7

TAG 24 ~ Dein Mund sei voller Lachen.
Auf daß er deinen Mund mit Lachen fülle und deine Lippen mit Freudengeschrei. Hiob 8,21

TAG 25 ~ Viele Fürbitter sollen unter Deinen Freunden sein.
Meine Freunde spotten meiner; aber mein Auge tränt zu Gott.
Hiob 16,20

TAG 26 ~ Der Odem des Allmächtigen gebe dir Leben.
Der Geist Gottes hat mich gemacht, und der Odem des Allmächtigen belebt mich. Hiob 33,4

TAG 27 ~ Habe Deine Lust am Gesetz des Herrn.
Wohl dem, der … Seine Lust hat am Gesetz des HERRN und in seinem Gesetze forscht Tag und Nacht. Psalm 1,2

TAG 28 ~ Der allerhöchste Gott soll dich verteidigen.
Mein Schild ist bei Gott, der aufrichtigen Herzen hilft. Psalm 7,10

TAG 29 ~ Der HERR rette und schütze dich.
Der HERR antworte dir am Tage der Not, der Name des Gottes Jakobs schütze dich Psalm 20,1

TAG 30 ~ GESEGNET SEI DIE STADT, DEREN GOTT DER HERR IST.
Wohl dem Volk, dessen Gott der HERR ist, dem Volk, das er sich zum Erbe erwählt hat! Psalm 33,12

TAG 31 ~ Der Name der Stadt soll lauten: DER HERR IST HIER – JAHWEH SCHAMMA: Und der Name der Stadt soll fortan lauten: ´Der HERR ist hier!´ Hesekiel 48,35

NOTIZEN

APRIL

Ihr Bewohner Jerusalems, die ihr auf dem Zionsberg wohnt, ihr müsst nicht länger weinen! Wenn ihr zum HERRN um Hilfe ruft, wird er euch sein Erbarmen zuwenden; sobald er euer Schreien vernimmt, gibt er euch Antwort.
Jesaja 30:19

Jüdische Festtage im April

3. Mose 23:4-6

Feiert die großen Feste zu Ehren des HERRN als heilige Zeiten. Zu den folgenden Zeiten sollt ihr sie ausrufen: Das Passafest begeht ihr zu Ehren des HERRN am 14. Tag des 1. Monats nach Sonnenuntergang. Am darauf folgenden Tag beginnt zu Ehren des HERRN das Fest der Ungesäuerten Brote. Es dauert sieben Tage lang. Während der ganzen Festwoche dürft ihr nur solches Brot essen, das ohne Sauerteig zubereitet ist.

APRIL

TAG 1 ~ BITTET FÜR DEN FRIEDEN JERUSALEMS.
Bittet für den Frieden Jerusalems! Es gehe wohl denen, die dich lieben! Psalm 122,6

TAG 2 ~ MÖGEN DIE GLÄUBIGEN EINS WERDEN.
Ich in ihnen und du in mir, damit sie zu vollendeter Einheit gelangen, und damit die Welt erkenne, dass du mich gesandt hast und sie liebst, gleichwie du mich liebst. Johannes 17,23

TAG 3 ~ Möge Gott die Sehnsucht deines Herzens stillen.
Er gebe dir, was dein Herz begehrt, und lasse alle deine Vorhaben gelingen!. Psalm 20,5

TAG 4 ~ Der HERR ist dein Hirte.
Der HERR ist mein Hirte; mir wird nichts mangeln. Er erquickt meine Seele; er führt mich auf rechter Straße um seines Namens willen. Psalm 23,1.3

TAG 5 ~ Du sollst unschuldige Hände und ein reines Herz haben.
Wer unschuldige Hände hat und ein reines Herz, wer seine Seele nicht auf Trug richtet und nicht falsch schwört. Der wird Segen empfangen von dem HERRN und Gerechtigkeit von dem Gott seines Heils. Psalm 24,4.5

TAG 6 ~ O HERR, sei der Stadt gnädig.
Wende dich zu mir und sei mir gnädig, denn ich bin einsam und elend! Psalm 25,16

TAG 7 ~ Fürchte dich nicht, Jerusalem!
Der HERR ist mein Licht und mein Heil, vor wem sollte ich mich fürchten? Der HERR ist meines Lebens Kraft, vor wem sollte mir grauen? Psalm 27,1

TAG 8 ~ Der HERR leite dich auf ebener Bahn.
Zeige mir, HERR, deinen Weg und leite mich auf ebener Bahn um meiner Feinde willen! Psalm 27,11

TAG 9 ~ Segne Dein Volk, HERR, und stärke es.
Der HERR wird seinem Volk Kraft verleihen, der HERR wird sein Volk segnen mit Frieden! Psalm 29,11

TAG 10 ~ SUCHT DEN FRIEDEN UND DAS WOHLERGEHEN DER STADT.
Suchet auch den Frieden der Stadt, dahin ich euch habe gefangen führen lassen; denn in ihrem Frieden werdet auch ihr Frieden haben!
Jeremia 29,7

TAG 11 ~ MÖGEN DEINE HERRSCHER ZWISCHEN RICHTIG UND FALSCH UNTERSCHEIDEN KÖNNEN.
So gib du deinem Knecht doch ein verständiges Herz, dass er dein Volk zu richten versteht und unterscheiden kann, was Gut und Böse ist. Denn wer kann dieses dein großes Volk richten? 1. Könige 3,9

TAG 12 ~ Möge Gott dich befreien.
Du bist mein Schutz, du behütest mich vor Bedrängnis, du umgibst mich mit Rettungsjubel! Psalm 32,7

Tag 13 ~ Segne die Sanftmütigen, O HERR!
Aber die Sanftmütigen werden das Land erben und sich großen Friedens erfreuen. Psalm 37,11

TAG 14 ~ Jerusalem vertraue auf den HERRN.
Wohl dem, der sein Vertrauen auf den HERRN setzt und sich nicht zu den Aufgeblasenen wendet und zu den abtrünnigen Lügnern. Psalm 40,5

TAG 15 ~ Ein Fluss erfreut die Stadt Gottes.
Ein Strom mit seinen Bächen erfreut die Stadt Gottes, das Heiligtum der Wohnungen des Höchsten. Psalm 46,5

TAG 16 ~ Der HERR segne dich, Jerusalem!
Gott sei uns gnädig und segne uns; er lasse sein Angesicht leuchten über uns. Psalm 67,2

TAG 17 ~ Segne alle, deren Stärke in Dir liegt.
Wohl dem Menschen, dessen Stärke in dir liegt, [wohl denen], in deren Herzen gebahnte Wege sind! Psalm 84,6

TAG 18 ~ Zeige der Stadt Deine unfehlbare Liebe, HERR.
HERR, lass uns deine Gnade schauen und schenke uns dein Heil! Psalm 85,8

TAG 19 ~ Segne alle, die Dich suchen.
Wohl denen, die seine Zeugnisse bewahren, die ihn von ganzem Herzen suchen. Psalm 119,2

TAG 20 ~ DEN GERECHTEN SOLL ES WOHLERGEHEN, DAMIT DIE GANZE STADT SICH FREUT.
Wenn es den Gerechten wohlgeht, so freut sich die ganze Stadt; und wenn die Gottlosen umkommen, so jubelt man. Sprüche 11,10

TAG 21 ~ SEGNE ALLE, DIE SICH DER SCHWACHEN ANNEHMEN.
Wohl dem, der sich des Armen annimmt; der HERR wird ihn erretten zur bösen Zeit. Psalm 41,2

TAG 22 ~ Möge der HERR große Dinge tun.
Der HERR hat Großes an uns getan, wir sind fröhlich geworden. Psalm 126,3

TAG 23 ~ Die Wächter sollen nicht umsonst wachen!
Wenn der HERR nicht das Haus baut, dann arbeiten umsonst, die daran bauen; wenn der HERR nicht die Stadt behütet, dann wacht der Wächter umsonst. Psalm 127,1

TAG 24 ~ Die Bürger Jerusalems sollen in Einheit zusammen leben.
Siehe, wie fein und wie lieblich ist's, wenn Brüder in Eintracht beisammen sind! Psalm 133,1

TAG 25 ~ Jerusalem soll wissen, dass unser HERR größer ist als alle Götter.
Denn ich weiß, dass der HERR groß ist; ja, unser Herr ist größer als alle Götter. Psalm 135,5

TAG 26 ~ Der HERR möge Seine Absichten für dich vollbringen.
Der HERR wird es für mich vollbringen! HERR, deine Gnade währt ewiglich; das Werk deiner Hände wirst du nicht im Stich lassen!
Psalm 138,8

TAG 27 ~ Möge Gott barmherzig mit dir sein.
Der HERR ist gütig gegen alle, und seine Barmherzigkeit waltet über allen seinen Werken. Psalm 145,9

TAG 28 ~ Jerusalem preise den HERRN!
Das Lob Gottes sei in ihrem Mund und ein zweischneidiges Schwert in ihrer Hand, Psalm 149,6

TAG 29 ~ Alles, was Odem hat, lobe den HERRN!
Alles, was Odem hat, lobe den HERRN! Hallelujah! Psalm 150,6

TAG 30 ~ GESEGNET SEI DIE STADT, DEREN GOTT DER HERR IST.
Wohl dem Volk, dessen Gott der HERR ist, dem Volk, das er sich zum Erbe erwählt hat!
Psalm 33,12

NOTIZEN

MAI

Aber Juda soll für alle Zeiten bewohnt bleiben und Jerusalem für immer bestehen. Ich erkläre ihre Bewohner für unschuldig, was ich früher nicht getan habe; niemand wird ungestraft bleiben, der ihr Leben antastet. Denn auf dem Zionsberg wohne ich, der HERR!
Joël 4:20,21

Jüdische Festtage im Mai

3.Mose 23.9-11; 15,16

Wenn ihr in dem Land, das der HERR euch geben wird, die Gerste erntet, dann sollt ihr die erste Garbe davon dem Priester übergeben. Am Tag nach dem Sabbat übereignet der Priester sie symbolisch dem HERRN...Vom Tag nach dem Sabbat, an dem ihr dem HERRN die erste Gerstengarbe gebracht habt, zählt ihr sieben volle Wochen und bringt dann am 50. Tag, dem Tag nach dem siebten Sabbat, dem HERRN ein Speiseopfer von der neuen Ernte.

MAI

TAG 1 ~ BITTET FÜR DEN FRIEDEN JERUSALEMS.
Bittet für den Frieden Jerusalems! Es gehe wohl denen, die dich lieben!
Psalm 122,6

TAG 2 ~ DIE GLÄUBIGEN SOLLEN GUNST BEIM GANZEN VOLK ERHALTEN.
Sie lobten Gott und hatten Gunst bei dem ganzen Volk. Der Herr aber tat täglich solche, die gerettet wurden, zur Gemeinde hinzu.
Apostelgeschichte 2,47

TAG 3 ~ Vorsicht und Verständnis sollst du haben.
Dann wird die Vorsicht dich beschirmen, der Verstand wird dich behüten.
Sprüche 2,11

TAG 4 ~ Sei barmherzig und folge der Wahrheit.
Gnade und Wahrheit werden dich nicht verlassen! Binde sie um deinen Hals, schreibe sie auf die Tafel deines Herzens. Sprüche 3,3

TAG 5 ~ Der HERR möge dich behüten.
Denn der HERR wird in deinem Herzen sein und deinen Fuß bewahren vor dem Fallstrick. Sprüche 3,26

TAG 6 ~ Fürchte den HERRN!
Der Weisheit Anfang ist die Furcht des HERRN, und die Erkenntnis des Heiligen ist Verstand. Sprüche 9,10

TAG 7 ~ HERR, denke an die Gerechten.
Das Verlangen der Gerechten läßt der HERR nicht ungestillt; aber das Begehren der Gottlosen weist er ab. Sprüche 10,3

TAG 8 ~ Der HERR segne die Gerechten.
Segnungen sind auf dem Haupte des Gerechten; aber der Mund der Gottlosen birgt Frevel. Sprüche 10,6

TAG 9 ~ Der HERR ist ein Zufluchtsort für die Gerechten.
Der Weg des HERRN ist eine Schutzwehr für den Unschuldigen; den Übeltätern aber bringt er den Untergang. Sprüche 10,29

TAG 10 ~ SUCHT DEN FRIEDEN UND DAS WOHLERGEHEN DER STADT.
Suchet auch den Frieden der Stadt, dahin ich euch habe gefangen führen lassen; denn in ihrem Frieden werdet auch ihr Frieden haben!
Jeremia 29,7

TAG 11 ~ GOTT SCHENKE HERRSCHER, DIE IN RECHT UND GERECHTIGKEIT REGIEREN.
O Gott, gib dein Gericht dem König und deine Gerechtigkeit dem Königssohn. Psalm 72,1

TAG 12 ~ Mögen alle vor Dir Ehrfurcht haben, oh Gott!
Die Furcht des HERRN ist eine Quelle des Lebens; man meidet durch sie die Stricke des Todes. Sprüche 14,27

TAG 13 ~ Segne alle, die nach Gerechtigkeit trachten.
Der Gottlosen Weg ist dem HERRN ein Greuel; wer aber der Gerechtigkeit nachjagt, den hat er lieb. Sprüche 15,9

TAG 14 ~ Oh HERR, segne alle, die ihr Vertrauen auf dich setzen.
Wer auf das Wort achtet, findet Glück; und wohl dem, der auf den HERRN vertraut. Sprüche 16,20

TAG 15 ~ Die Gerechten sollen zum HERRN laufen.
Der Name des HERRN ist ein festes Schloß; der Gerechte läuft dahin und wird beschirmt. Sprüche 18,10

TAG 16 ~ Jerusalem soll den HERRN fürchten.
Die Furcht des HERRN dient zum Leben; wer daran reich ist, der wird über Nacht von keinem Unglück heimgesucht. Sprüche 19,23

TAG 17 ~ Möge das Recht herrschen in Jerusalem.
Es ist eine Freude für die Gerechten, wenn Recht geschafft wird; aber für die Übeltäter ist es ein Schrecken. Sprüche 21,15

TAG 18~ Jerusalem soll demütig sein und die Furcht des HERRN haben.
Der Lohn der Demut und der Furcht des HERRN ist Reichtum Ehre und Leben. Sprüche 22,4

DAY 19 ~ Die Schuldigen sollen überführt werden.
Aber an denen, die recht richten, hat man Wohlgefallen, und über sie kommt der Segen des Guten. Sprüche 24,25

TAG 20 ~ DEN GERECHTEN SOLL ES WOHLERGEHEN, DAMIT DIE GANZE STADT SICH FREUT.
Wenn es den Gerechten wohlgeht, so freut sich die ganze Stadt; und wenn die Gottlosen umkommen, so jubelt man. Sprüche 11,10

TAG 21 ~ TUE DEINEN MUND AUF FÜR DIE RECHTE DER ARMEN UND NOT LEIDENDEN.
Tue deinen Mund auf für den Stummen, für das Recht aller Verlassenen. Sprüche 31,8

TAG 22 ~ Jerusalem vertraue auf den HERRN.
Aufgeblasenheit verursacht Streit; wer aber auf den HERRN vertraut, wird reichlich gesättigt. Sprüche 28,25

TAG 23 ~ Gott sei dein Schild.
Alle Reden Gottes sind geläutert; er ist ein Schild denen, die ihm vertrauen. Sprüche 30,5

TAG 24 ~ Die Weisen mögen die Stadt durch ihre Weisheit retten.
Da fand sich in derselben Stadt ein armer, aber weiser Mann, der rettete die Stadt durch seine Weisheit, und kein Mensch hatte an diesen armen Mann gedacht. Prediger 9,15

Zechor – Gedenke!

Die Holocaustgedenkstätte - Yad Vashem – das Ende des Tunnels

Zu vergessen bedeutet zu sterben, sich zu erinnern jedoch zu leben!

Tausende von gefallenen Soldaten sind beigesetzt auf dem Friedhof der IDF (Israelische Armee) auf dem Herzl Berg

TAG 25 ~ Möge Jerusalem Weisheit besitzen.
Weisheit ist so gut wie ein Erbe und ein Vorteil für die, welche die Sonne sehen.Prediger 7,11

TAG 26 ~ Die Jugend der Stadt soll sich an ihren Schöpfer erinnern.
Und gedenke an deinen Schöpfer in den Tagen deiner Jugend, ehe die bösen Tage kommen und die Jahre herzutreten, da du wirst sagen: „Sie gefallen mir nicht". Prediger 12,1

TAG 27 ~ Möge ein Wohlgeruch von Jerusalem ausgehen.
Lieblich duften deine Salben; dein Name ist wie ausgegossenes Öl: darum haben dich Jungfrauen lieb. Hohelied 1,3

TAG 28 ~ Möge Jerusalem sein wie ein Apfelbaum unter den Bäumen des Waldes.
Wie ein Apfelbaum unter den Bäumen des Waldes, so ist mein Freund unter den Söhnen! Hohelied 2,3

TAG 29 ~ Wie schön bist du, oh du Stadt Gottes!
Siehe, du bist schön, meine Freundin, siehe, du bist schön; deine Augen sind wie Tauben hinter deinem Schleier; dein Haar gleicht der Ziegenherde, die sich am Berge Gilead lagert. Hohelied 4,1

TAG 30 ~ GESEGNET SEI DIE STADT, DEREN GOTT DER HERR IST.
Wohl dem Volk, dessen Gott der HERR ist, dem Volk, das er sich zum Erbe erwählt hat! Psalm 33,12

TAG 31 ~ Der Name der Stadt soll lauten: DER HERR IST HIER – JAHWEH SCHAMMA.
Und der Name der Stadt soll fortan lauten: ´Der HERR ist hier!´ Hesekiel 48,35

NOTIZEN

JUNI

Aussicht vom Mount Scopus auf die Altstadt Jerusalems

Ja, der HERR hat den Zionsberg ausgewählt, er hat ihn zu seiner Wohnstätte bestimmt. Psalm 132:13

JUNI

TAG 1 ~ BITTET FÜR DEN FRIEDEN JERUSALEMS.
Bittet für den Frieden Jerusalems! Es gehe wohl denen, die dich lieben! Psalm 122,6

TAG 2 ~ DIE GLÄUBIGEN SOLLEN IN IHREM GLAUBEN FEST STEHEN.
Und das Haupt Ephraims ist Samaria, und das Haupt Samarias ist der Sohn Remaljas. – Wenn ihr nicht glaubt, so werdet ihr gewiss keinen Bestand haben! Jesaja 7,9

TAG 3 ~ Du sollst genannt werden: „Die Stadt der Gerechtigkeit, die treue Stadt".
Und ich werde deine Richter wieder machen, wie sie ursprünglich waren, und deine Ratsherren wie am Anfang; danach wird man dich nennen: „Die Stadt der Gerechtigkeit, die treue Stadt". Jesaja 1,26

TAG 4 ~ Die Gerechten sollen die Frucht ihrer Taten genießen.
Sagt den Gerechten, dass es ihnen gut gehen wird; denn sie werden die Frucht ihrer Taten genießen. Jesaja 3,10

TAG 5 ~ Die in Dunkelheit wandeln, sollen das Licht sehen.
Das Volk, das in der Finsternis wandelt, hat ein großes Licht gesehen; über den Bewohnern des Landes der Todesschatten ist ein Licht aufgeleuchtet. Jesaja 9,1

TAG 6 ~ Der HERR möge dich befreien von denen, die dich bedrücken.
Du hast das Volk vermehrt, hast seine Freude groß gemacht; sie werden sich vor dir freuen, wie man sich in der Ernte freut, wie [die Sieger] jubeln, wenn sie Beute verteilen. Jesaja 9,2

TAG 7 ~ Der HERR soll deine Rettung und dein Heil sein.
Siehe, Gott ist mein Heil; ich will vertrauen und lasse mir nicht grauen; denn Jah, der HERR, ist meine Kraft und mein Lied, und er wurde mir

zur Rettung! Jesaja 12,2

TAG 8 ~ Du sollst Wasser schöpfen aus den Quellen des Heils.
Und ihr werdet mit Freuden Wasser schöpfen aus den Quellen des Heils. Jesaja 12,3

TAG 9 ~ Alle mögen ihre Augen zu dem Heiligen Israels wenden.
An jenem Tag wird der Mensch auf den schauen, der ihn gemacht hat, und seine Augen werden auf den Heiligen Israels blicken. Jesaja 17,7

TAG 10 ~ SUCHT DEN FRIEDEN UND DAS WOHLERGEHEN DER STADT.
Suchet auch den Frieden der Stadt, dahin ich euch habe gefangen führen lassen; denn in ihrem Frieden werdet auch ihr Frieden haben! Jeremia 29,7

TAG 11 ~ DURCH RECHT SOLLEN JERUSALEMS HERRSCHER DER STADT STABILITÄT VERLEIHEN.
Durch Recht gibt ein König dem Land Bestand, aber ein Mann, der viele Abgaben erhebt, richtet es zugrunde. Sprüche 29,4

TAG 12 ~ Möge Gott für die Stadt eine Quelle der Kraft sein.
Und für den, der zu Gericht sitzt, ein Geist des Rechts, und eine Stärke denen, die den Angriff vom Tor abwehren. Jesaja 28,6

TAG 13 ~ Nach Recht und Gerechtigkeit sollst du handeln.
Und ich will das Recht zur Richtschnur machen und die Gerechtigkeit zur Waage; der Hagel wird eure Lügenzuflucht wegreißen, und die Wasser sollen euer Versteck wegschwemmen. Jesaja 28,17

TAG 14 ~ Oh Jerusalem, kehre um, bleibe still und vertraue dem HERRN.
Denn so spricht GOTT, der Herr, der Heilige Israels: Durch Umkehr und Ruhe könntet ihr gerettet werden, im Stillesein und im Vertrauen läge eure Stärke. Aber ihr habt nicht gewollt. Jesaja 30,15

TAG 15 ~ Der HERR sei dir gnädig und barmherzig.
Darum wartet der HERR, damit er euch begnadigen kann, und darum ist er hoch erhaben, damit er sich über euch erbarmen kann. Jesaja 30, 18

TAG 16 ~ Jerusalem soll auf den HERRN warten.
Denn der HERR ist ein Gott des Rechts; wohl allen, die auf ihn harren! Jesaja 30,18

TAG 17 ~ Der HERR soll deine Rettung sein.
HERR, sei uns gnädig; wir hoffen auf dich! Sei du jeden Morgen unser Arm, ja, sei du unsere Rettung zur Zeit der Drangsal! Jesaja 33,2

TAG 18 ~ Der HERR soll dein sicheres Fundament sein.
Und du wirst sichere Zeiten haben, eine Fülle von Heil. Jesaja 33,6

TAG 19 ~ Die Stadt soll gesegnet sein mit der Furcht des HERRN.
Weisheit und Erkenntnis; die Furcht des HERRN, die wird [Zions] Schatz sein. Jesaja 33,6

TAG 20 ~ DEN GERECHTEN SOLL ES WOHLERGEHEN, DAMIT DIE GANZE STADT SICH FREUT.
Wenn es den Gerechten wohlgeht, so freut sich die ganze Stadt; und wenn die Gottlosen umkommen, so jubelt man. Sprüche 11,10

TAG 21 ~ TUE DEINEN MUND AUF UND RICHTE GERECHT; VERTEIDIGE DAS RECHT DER ARMEN UND BEDÜRFTIGEN.
Tue deinen Mund auf, richte recht und verteidige den Elenden und Armen! Sprüche 31,9

TAG 22 ~ Viele mögen auf heiligem Weg gehen.
Und eine Straße wird dort sein und ein Weg; man wird ihn den heiligen Weg nennen; kein Unreiner wird auf ihm gehen, sondern er ist für sie; die auf dem Weg wandeln, selbst Einfältige, werden nicht irregehen.
Jesaja 35,8

TAG 23 ~ Oh Jerusalem, fürchte dich nicht!
Fürchte dich nicht, denn ich bin mit dir; sei nicht ängstlich, denn ich bin dein Gott; ich stärke dich, ich helfe dir auch, ja, ich erhalte dich durch die rechte Hand meiner Gerechtigkeit! Jesaja 41,10

TAG 24 ~ Möge der HERR das Volk sättigen.
Denn ich werde Wasser auf das Durstige gießen und Ströme auf das Dürre; ich werde meinen Geist auf deinen Samen ausgießen und meinen Segen auf deine Sprösslinge. Jesaja 44,3

TAG 25 ~ Gott soll vor dir herziehen und die Berge ebnen.
Ich selbst will vor dir herziehen und das Hügelige eben machen. Jesaja 45,2

TAG 26 ~ Gott zerbreche eherne Türen.
Ich will eherne Türen zerbrechen und eiserne Riegel zerschlagen. Jesaja 45,2

TAG 27 ~ Möge der HERR die Stadt trösten.
Ihr Trümmer Jerusalems, freut euch und frohlockt miteinander! Denn der HERR hat sein Volk getröstet, hat Jerusalem erlöst! Jesaja 52,9

TAG 28 ~ Segne die Armen im Geiste.
Denn so spricht der Hohe und Erhabene, der ewig wohnt und dessen Name „Der Heilige" ist: In der Höhe und im Heiligtum wohne ich und bei dem, der zerschlagenen und gedemütigten Geistes ist, damit ich den Geist der Gedemütigten belebe und das Herz der Zerschlagenen erquicke. Jesaja 57,15

TAG 29 ~ Möge Gott Frieden wie einen Strom über ihr ausbreiten.
Denn so spricht der HERR: Siehe, ich will den Frieden zu ihr hinleiten wie einen Strom und die Herrlichkeit der Heidenvölker wie einen überfließenden Bach; und ihr sollt gestillt werden. Man wird euch auf den Armen tragen und auf den Knien liebkosen. Jesaja 66,12

TAG 30 ~ GESEGNET SEI DIE STADT, DEREN GOTT DER HERR IST.

Wohl dem Volk, dessen Gott der HERR ist, dem Volk, das er sich zum Erbe erwählt hat! Psalm 33,12

Blick auf das Tal Joschafat

NOTIZEN

JULI

Altstadt, Armenisches Viertel

Was soll man den Boten der Philister sagen?
Dies ist unsere Antwort: Der HERR selbst hat den Zionsberg gegründet. Dort finden die Armen seines Volkes sicheren Schutz!
Jesaja 14:32

JULI

TAG 1 ~ BITTET FÜR DEN FRIEDEN JERUSALEMS.
Bittet für den Frieden Jerusalems! Es gehe wohl denen, die dich lieben! Psalm 122,6

TAG 2 ~ DIE GLÄUBIGEN MÖGEN EIN HERZ UND EINE SEELE SEIN.
Die Menge der Gläubigen aber war ein Herz und eine Seele; und auch nicht einer sagte, daß etwas von seinen Gütern sein eigen sei, sondern alles war ihnen gemeinsam. Apostelgeschichte 4,32

TAG 3 ~ Jerusalem soll gehen auf den Wegen des HERRN.
Sondern dieses habe ich ihnen befohlen: Gehorchet meiner Stimme, so will ich euer Gott sein, und ihr sollt mein Volk sein; und wandelt in allen Wegen, die ich euch gebieten werde, damit es euch wohlergehe. Jeremiah 7,23

TAG 4 ~ HERR, schenke eine Zeit der Heilung.
Wir warten auf Frieden (aber es wird nicht besser! auf eine Zeit der Heilung) aber siehe da, Schrecken. Jeremia 8,15

TAG 5 ~ Möge der HERR dich befreien und erhalten zum Besten.
Der HERR antwortete: Wahrlich, ich will dich erhalten zum Besten! Wahrlich, ich will verschaffen, daß zur Zeit der Not und der Angst der Feind dich um Fürbitte angehen soll! Jeremia 15,11

TAG 6 ~ Gottes Worte seien dir zur Freude und Wonne deines Herzens.
Fand ich deine Worte, so verschlang ich sie; deine Worte sind zur Freude und Wonne meines Herzens geworden, weil ich nach deinem Namen genannt bin, HERR, Gott der Heerscharen. Jeremia 15,16

TAG 7 ~ Der HERR rette und befreie dich.
Und ich will dich diesem Volke gegenüber zur festen, ehernen Mauer machen, daß, wenn sie wider dich streiten, sie dich nicht zu überwältigen

vermögen; denn ich bin bei dir, um dich zu retten und zu befreien, spricht der HERR. Jeremia 15,20

TAG 8 ~ Jerusalem vertraue auf den HERRN!
Gesegnet ist der Mann, der auf den HERRN vertraut und dessen Zuversicht der HERR geworden ist. Jeremia 17,7

TAG 9 ~ Der HERR sei mit dir.
Aber der HERR ist bei mir wie ein starker Held; darum werden meine Verfolger straucheln und nichts vermögen. Sie werden sich sehr schämen müssen ihres unklugen Benehmens, mit ewiger Schmach, die man nie vergessen wird. Jeremia 20,11

TAG 10 ~ SUCHT DEN FRIEDEN UND DAS WOHLERGEHEN DER STADT.
Suchet auch den Frieden der Stadt, dahin ich euch habe gefangen führen lassen; denn in ihrem Frieden werdet auch ihr Frieden haben! Jeremia 29,7

TAG 11 ~ MÖGE GOTT DEN FRIEDEN REGIEREN UND DEINE OBRIGKEIT GERECHTIGKEIT AUSÜBEN LASSEN:
Ich will den Frieden zu deiner Obrigkeit machen und die Gerechtigkeit zu deinen Vögten. Jesaja 60,17

TAG 12 ~ Nichts ist Dir unmöglich, Oh HERR!
Siehe, ich, der HERR, bin ein Gott alles Fleisches; sollte mir etwas zu wunderbar sein? Jeremia 32,27

TAG 13 ~ Möge der HERR dein Gott sein, Oh Jerusalem.
Und sie sollen mein Volk sein, und ich will ihr Gott sein. Jeremia 32,38

TAG 14 ~ Deine Zukunft soll voller Hoffnung sein.
Denn ich weiß, was für Gedanken ich über euch habe, spricht der HERR, Gedanken des Friedens und nicht des Leides, euch eine Zukunft und eine Hoffnung zu geben. Jeremia 29,11

TAG 15 ~ Der HERR sei dein Teil.
Der HERR ist mein Teil, spricht meine Seele; darum will ich auf ihn hoffen. Klagelieder 3,24

TAG 16 ~ Jerusalem suche den HERRN.
Der HERR ist gütig gegen die, welche auf ihn hoffen, gegen die Seele, die nach ihm fragt. Klagelieder 3,25

TAG 17 ~ Möge Gott die Gebundenen freisetzen.
Darum spricht Gott, der HERR, also: Siehe, ich will an eure Binden, mit welchen ihr die Seelen fanget wie Vögel! Ich will sie euch von den Armen reißen und die Seelen, welche ihr fanget, freilassen wie Vögel!
Hesekiel 13,20

TAG 18 ~ Möge Gott deine Schönheit vollkommen machen.
Und dein Ruhm erscholl unter den Heiden wegen deiner Schönheit; denn sie war ganz vollkommen infolge des Schmuckes, welchen ich dir angelegt hatte, spricht Gott, der HERR. Hesekiel 16,14

TAG 19 ~ Jerusalem soll den HERRN kennen lernen.
Aber ich will meinen Bund mit dir aufrichten, und du sollst erfahren, daß ich der HERR bin. Hesekiel 16,62

TAG 20 ~ DEN GERECHTEN SOLL ES WOHLERGEHEN, DAMIT DIE GANZE STADT SICH FREUT.
Wenn es den Gerechten wohlgeht, so freut sich die ganze Stadt; und wenn die Gottlosen umkommen, so jubelt man. Sprüche 11,10

TAG 21 ~ BEFREIE DIE ARMEN UND ELENDEN, OH HERR.
Denn er wird den Armen erretten, wenn er schreit, und den Elenden, der keinen Helfer hat. Psalm 72,12

TAG 22 ~ HERR, schenke Regen des Segens auf die Stadt.
Ich will sie und die Umgebung meines Hügels zum Segen setzen und will ihnen den Regen zu seiner Zeit herabsenden; das sollen gesegnete Regen

sein. Hesekiel 34,26

TAG 23 ~ Gott errette dich aus der Hand derer, die dich bedrücken.
Und die Bäume des Feldes sollen ihre Früchte bringen und das Erdreich sein Gewächs; und sie sollen sicher in ihrem Lande wohnen und erfahren, daß ich der HERR bin, wenn ich ihr Joch zerbreche und sie aus der Hand derer errette, die sie knechteten. Hesekiel 34,27

TAG 24 ~ Möge Gott dir Seine Gunst erweisen.
Denn seht, ich komme zu euch und wende mich wieder zu euch, daß ihr angebaut und besät werdet. Hesekiel 36,9

TAG 25 ~ Ihr sollt nicht länger leiden unter der Ablehnung und Verachtung der Nationen.
Ich will auch die Früchte der Bäume und den Ertrag des Feldes vermehren, daß ihr hinfort die Schmach des Hungers unter den Heiden nicht mehr tragen müßt. Hesekiel 36,30

TAG 26 ~ Möge Gott bei dir wohnen.
Meine Wohnung wird bei ihnen sein, und ich will ihr Gott sein, und sie sollen mein Volk sein. Hesekiel 37,27

TAG 27 ~ Möge Dein heiliger Name bekannt sein.
Und meinen heiligen Namen will ich unter meinem Volke Israel kundtun und meinen heiligen Namen hinfort nicht mehr entweihen lassen; sondern die Heiden sollen erfahren, daß ich, der HERR, der Heilige in Israel bin. Hesekiel 39,7

TAG 28 ~ HERR, erbarme Dich über Jerusalem.
Darum spricht Gott, der HERR, also: Jetzt will ich die Gefangenschaft Jakobs wenden und mich des ganzen Hauses Israel erbarmen und für meinen heiligen Namen eifern. Hesekiel 39,25

TAG 29 ~ Möge Gott selbst nach Seinen Schafen schauen.
Denn also spricht Gott, der HERR: Siehe, ich selbst will meinen Schafen

nachforschen und sie suchen! Hesekiel 34,11

TAG 30 ~ GESEGNET SEI DIE STADT, DEREN GOTT DER HERR IST.
Wohl dem Volk, dessen Gott der HERR ist, dem Volk, das er sich zum Erbe erwählt hat! Psalm 33,12

TAG 31 ~ Der Name der Stadt soll lauten: DER HERR IST HIER – JAHWEH SCHAMMA!
Und der Name der Stadt soll fortan lauten: „Der HERR ist hier!“ Hesekiel 48,35

Die vielen Gesichter Jerusalems

NOTIZEN

AUGUST

Das *New Gate* (Neue Tor) führt in das Christlich-arabische Viertel

Wach auf, Jerusalem, wach auf! Raff dich auf! Zieh deine prächtigsten Kleider an, du Heilige Stadt! Künftig darf niemand mehr dich betreten, der unbeschnitten oder unrein ist.

Jesaja 52:1

AUGUST

TAG 1 ~ BITTET FÜR DEN FRIEDEN JERUSALEMS.
Bittet für den Frieden Jerusalems! Es gehe wohl denen, die dich lieben!
Psalm 122,6

TAG 2 ~ DIE GLÄUBIGEN SOLLEN IM FRIEDEN LEBEN KÖNNEN.
So hatten nun die Gemeinden Frieden in ganz Judäa und Galiläa und Samaria und wurden auferbaut und wandelten in der Furcht des Herrn und wuchsen durch den Beistand des Heiligen Geistes.
Apostelgeschichte 9,31

TAG 3 ~ Es soll dir aüßerst wohlergehen.
Darauf schrieb der König Darius an alle Völker, Stämme und Sprachen, die im ganzen Land wohnten: »Euer Friede nehme zu! Daniel 6,26

TAG 4 ~ Der HERR rette und befreie dich.
Er errettet und befreit, er tut Zeichen und Wunder am Himmel und auf Erden; er hat Daniel aus der Gewalt der Löwen errettet! Daniel 6,28

TAG 5 ~ Oh HERR, lass Dein Angesicht leuchten über Jerusalem.
So höre nun, unser Gott, auf das Gebet deines Knechtes und auf sein Flehen und lass dein Angesicht leuchten über dein verwüstetes Heiligtum, um des Herrn willen! Daniel 9,17

TAG 6 ~ Und deine Weisen und Verständigen sollen leuchten.
Und die Verständigen werden leuchten wie der Glanz der Himmelsausdehnung. Daniel 12,3

TAG 7 ~ Die Gerechten sollen leuchten wie die Sterne.
Und die, welche die Vielen zur Gerechtigkeit weisen, wie die Sterne immer und ewiglich. Daniel 12,3

TAG 8 ~ Gott möge Jerusalem Seine Liebe und Gunst erweisen.
Dagegen will ich mich über das Haus Juda erbarmen und sie retten durch den HERRN, ihren Gott; doch nicht durch Bogen, Schwert und Kampf will ich sie retten, nicht durch Rosse noch Reiter. Hosea 1,7

TAG 9 ~ Möge Gott das Tal Achor zu einer Tür der Hoffnung machen.
Und ich will ihr von dort aus ihre Weinberge wiedergeben und ihr das Tal Achor zu einer Tür der Hoffnung machen, dass sie dort singen soll wie in den Tagen ihrer Jugend und wie an dem Tag, als sie aus dem Land Ägypten zog. Hosea 2,17

TAG 10 ~ SUCHT DEN FRIEDEN UND DAS WOHLERGEHEN DER STADT.
Suchet auch den Frieden der Stadt, dahin ich euch habe gefangen führen lassen; denn in ihrem Frieden werdet auch ihr Frieden haben!
Jeremia 29,7

TAG 11 ~ BETET FÜR DAS WOHLERGEHEN DES BÜRGERMEISTERS UND SEINER FAMILIE.
Damit sie dem Gott des Himmels Opfer lieblichen Geruchs darbringen und für das Leben des Königs und seiner Söhne beten. Ezra 6,10

TAG 12 ~ Möge der HERR zu ihr kommen wie der Frühlingsregen.
So lasst uns [ihn] erkennen, ja, eifrig trachten nach der Erkenntnis des HERRN! Sein Hervorgehen ist so sicher wie das Licht des Morgens, und er wird zu uns kommen wie ein Regenguss, wie ein Spätregen, der das Land benetzt!« Hosea 6,3

TAG 13 ~ Möge der HERR dich führen mit menschlichen Banden der Liebe.
Mit menschlichen Banden zog ich sie, mit Seilen der Liebe; Hosea 11,4

TAG 14 ~ Der HERR möge sich um dich sorgen.
Ich hob ihnen gleichsam das Joch auf vom Kinn und neigte mich zu ihnen, um ihnen Nahrung zu geben. Hosea 11,4

TAG 15 ~ Du sollst Recht und Gerechtigkeit erfahren, Güte und Barmherzigkeit.
Und ich will dich mir verloben auf ewig, ich will dich mir verloben in Gerechtigkeit und Recht, in Gnade und Erbarmen; ja, ich will dich mir verloben in Treue, und du wirst den HERRN erkennen! Hosea 2,21.22

TAG 16 ~ HERR, gieße Deinen Geist aus auf Dein Volk.
Und nach diesem wird es geschehen, dass ich meinen Geist ausgieße über alles Fleisch; und eure Söhne und eure Töchter werden weissagen, eure Ältesten werden Träume haben, eure jungen Männer werden Gesichte sehen. Joel 3,1

TAG 17 ~ Der HERR sei dein Zufluchtsort und deine Festung.
Und der HERR wird aus Zion brüllen und von Jerusalem her seine Stimme hören lassen, dass Himmel und Erde zittern; aber der HERR ist eine Zuflucht für sein Volk und eine feste Burg für die Kinder Israels. Joel 4,16

TAG 18 ~ Gott möge die Stadt bewässern.
Und zu jener Zeit wird es geschehen, dass die Berge von Most triefen und die Hügel von Milch überfließen werden; alle Bäche Judas werden voll Wasser sein, und aus dem Haus des HERRN wird eine Quelle hervorbrechen und das Tal Sittim bewässern. Joel 4,18

TAG 19 ~ Der HERR möge in der Stadt wohnen.
Und ich werde sie von ihrem Blut reinigen, von dem ich sie nicht gereinigt hatte; und der HERR wird wohnen bleiben in Zion. Joel 4,21

TAG 20 ~ DEN GERECHTEN SOLL ES WOHLERGEHEN, DAMIT DIE GANZE STADT SICH FREUT.
Wenn es den Gerechten wohlgeht, so freut sich die ganze Stadt; und wenn die Gottlosen umkommen, so jubelt man. Sprüche 11,10

TAG 21 ~ BEI GOTT FINDEN DIE WAISEN BARMHERZIGKEIT.
Assyrien wird uns nicht retten; wir wollen nicht mehr auf Rossen reiten und das Werk unserer Hände nicht mehr unsere Götter nennen, denn bei

dir findet der Verwaiste Barmherzigkeit. Hosea 14,4

TAG 22 ~ Das Recht soll in der Stadt einherfluten wie Wasser.
Es soll aber das Recht einherfluten wie Wasser und die Gerechtigkeit wie ein unversiegbarer Strom! Amos 5,24

TAG 23 ~ Möge Gott die Stadt wiederherstellen.
An jenem Tag will ich die zerfallene Hütte Davids wieder aufrichten und ihre Risse vermauern und ihre Trümmer wiederherstellen und sie wieder bauen wie in den Tagen der Vorzeit. Amos 9,11

TAG 24 ~ Befreiung und Rettung sollen in der Stadt sein; Jerusalem soll heilig sein.
Aber auf dem Berg Zion wird Errettung sein, und er wird heilig sein; und die vom Haus Jakob werden ihre Besitzungen wieder einnehmen. Obadja 1,17

TAG 25 ~ Möge Gott dein Leben aus der Grube retten.
Zu den Gründen der Berge sank ich hinunter; die Erde war auf ewig hinter mir verriegelt – da hast du, HERR, mein Gott, mein Leben aus dem Grab heraufgeführt! Jona 2,7

TAG 26 ~ Die Rettung kommt von dem HERRN!
Ich aber will dir mit lauter Stimme Lob opfern; was ich gelobt habe, das will ich bezahlen. Die Rettung kommt von dem HERRN! Jona 2,10

TAG 27 ~ Deine Wege sollen aufrichtig sein.
Du, Haus Jakob, wie du genannt wirst, ist denn der HERR ungeduldig? Sind seine Handlungen danach? Sind meine Worte nicht gütig gegen den, der aufrichtig wandelt? Micha 2,7

TAG 28 ~ Dein Volk möge wandeln in dem Namen unseres HERRN.
Denn alle Völker mögen wandeln, jedes im Namen seines Gottes; wir aber wollen wandeln im Namen des HERRN, unseres Gottes, immer und ewiglich! Micha 4,5

TAG 29 ~ Gott möge dein Friede sein.
Und Er wird auftreten und [sie] weiden in der Kraft des HERRN und in der Hoheit des Namens des HERRN, seines Gottes; und sie werden [sicher] wohnen; denn nun wird Er groß sein bis an die Enden der Erde. Und dieser wird der Friede sein! Micha 5,3.4

TAG 30 ~ GESEGNET SEI DIE STADT, DEREN GOTT DER HERR IST.
Wohl dem Volk, dessen Gott der HERR ist, dem Volk, das er sich zum Erbe erwählt hat! Psalm 33,12

TAG 31 ~ Der Name der Stadt soll lauten: DER HERR IST HIER – JAHWEH SCHAMMA!
Und der Name der Stadt soll fortan lauten: ´Der HERR ist hier!´ Hesekiel 48,35

Erweise doch Zion deine Liebe:

Bau die Mauern Jerusalems wieder auf!

Psalm 51:20

NOTIZEN

SEPTEMBER

Das Oberste Gericht, Jerusalem

Überall werden die Leute sagen:
Kommt, wir gehen auf den Berg des HERRN, zu dem Haus, in dem der Gott Jakobs wohnt! Er soll uns lehren, was recht ist; was er sagt, wollen wir tun!
Denn vom Zionsberg in Jerusalem wird der HERR sein Wort ausgehen lassen.
Micha 4:2

Jüdische Festtage im September

3.Mose 23.23-27

Weiter ließ der HERR den Israeliten durch Mose sagen: »Auch der 1. Tag des 7. Monats ist für euch ein Ruhetag, der dem HERRN heilig ist. An diesem Tag sollt ihr die Trompeten blasen und euch so beim HERRN in Erinnerung bringen. Ihr dürft keinerlei Arbeit verrichten und sollt für den HERRN Opfer verbrennen.« Weiter ließ er ihnen sagen: »Am 10. Tag des 7. Monats ist der Versöhnungstag. Er ist ein heiliger Tag; ihr sollt euch Bußübungen auferlegen und Opfer für den HERRN verbrennen.

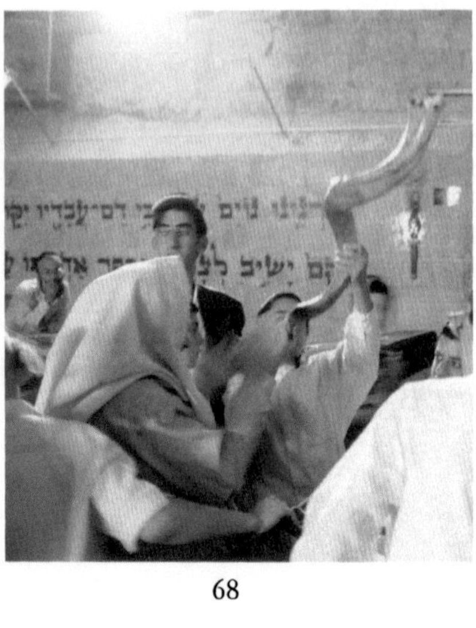

SEPTEMBER

TAG 1 ~ BITTET FÜR DEN FRIEDEN JERUSALEMS.
Bittet für den Frieden Jerusalems! Es gehe wohl denen, die dich lieben! Psalm 122,6

TAG 2 ~ DIE GLÄUBIGEN SOLLEN DEN GERUCH DER ERKENNTNIS CHRISTI OFFENBAREN.
Gott aber sei Dank, der uns allezeit in Christus triumphieren läßt und den Geruch seiner Erkenntnis durch uns an jedem Orte offenbart.
2. Korinther 2,14

TAG 3 ~ Der HERR möge für dich sorgen, Jerusalem.
Gütig ist der HERR, eine Zuflucht am Tage der Not, und er kennt die, welche auf ihn vertrauen. Nahum 1,7

TAG 4 ~ Viele sollen in die Stadt kommen, um Frieden (SCHALOM) zu proklamieren.
Siehe auf den Bergen die Füße eines guten Boten, der Frieden predigt: Feiere, Juda, dein Feste, bezahle deine Gelübde! Denn der Heillose wird forthin nicht mehr über dich kommen; er ist gänzlich vertilgt. Nahum 1,15

TAG 5 ~ Der HERR möge die Herrlichkeit Jerusalems wiederherstellen.
Denn der HERR hat Jakobs Stolz gewendet, gleichwie Israels Stolz; denn die Plünderer haben sie geplündert und ihre Reben verderbt. Nahum 2,2

TAG 6 ~ Die Gerechten sollen durch Glauben leben.
Siehe, der Aufgeblasene, unaufrichtig ist seine Seele in ihm; aber der Gerechte wird durch seinen Glauben leben. Habakuk 2,4

TAG 7 ~ Jerusalem soll erfüllt werden mit der Erkenntnis des HERRN.
Denn die Erde wird voll werden der Erkenntnis der Herrlichkeit des HERRN, gleichwie die Wasser den Meeresgrund bedecken. Habakuk 2,14

TAG 8 ~ Der HERR soll deine Stärke sein.
Der HERR, der Herr, ist meine Kraft; er hat meine Füße denen der Hindinnen gleich gemacht. Habakuk 3,19

TAG 9 ~ Jerusalem suche den HERRN!
Suchet den HERRN, alle ihr Demütigen im Lande, die ihr sein Recht übet! Suchet Gerechtigkeit, befleißiget euch der Demut; vielleicht werdet ihr Bergung finden am Tage des Zornes des HERRN. Zephanja 2,3

TAG 10 ~ SUCHT DEN FRIEDEN UND DAS WOHLERGEHEN DER STADT.
Suchet auch den Frieden der Stadt, dahin ich euch habe gefangen führen lassen; denn in ihrem Frieden werdet auch ihr Frieden haben!
Jeremia 29,7

TAG 11 ~ Die Herrscher sollen gerechte Gesetze erlassen.
Durch mich herrschen die Könige und erlassen die Fürsten gerechte Verordnungen. Sprüche 8,15

TAG 12 ~ Der HERR möge dich heimsuchen und sich um dich kümmern.
Und es soll der Landstrich am Meere zu Hirtenwohnungen und Schafhürden werden;und dieser Landstrich soll den Übriggebliebenen vom Hause Juda als Erbteil zufallen, daß sie darauf weiden und sich des Abends in den Häusern von Askalon lagern sollen, denn der HERR, ihr Gott, wird sie heimsuchen und ihr Gefängnis wenden. Zephanja 2,6.7

TAG 13 ~ Reinige die Lippen des Volkes, oh HERR.
Denn alsdann will ich den Völkern die Sprache ändern, daß sie rein werde, daß sie alle des HERRN Namen anrufen und ihm einträchtig dienen. Zephanja 3,9

TAG 14 ~ Möge der HERR die Gerichte von dir abwenden.
Jauchze, du Tochter Zion, juble, Israel! Freue dich und sei fröhlich von ganzem Herzen, du Tochter Jerusalem! Denn der HERR hat die Gerichte

von dir abgewendet, er hat deinen Feind weggeräumt! Der HERR, der König Israels, ist in deiner Mitte; du brauchst kein Übel mehr zu fürchten! Zephanja 3,14.15

TAG 15 ~ Der HERR, dein Gott, sei mit dir.
Der HERR, dein Gott, ist in deiner Mitte, ein Held, der helfen kann; er wird sich über dich freuen mit Wonne. Zephanja 3,17

TAG 16 ~ Der HERR soll sich über dich freuen.
Er wird schweigen in seiner Liebe, er wird über dir jubelnd frohlocken. Zephanja 3,17

TAG 17 ~ Es soll die Herrlichkeit dieser Stadt größer sein als der letzten.
Es soll die Herrlichkeit dieses letzten Hauses größer werden, als die des ersten war, spricht der HERR der Heerscharen; Haggai 2,9

TAG 18 ~ Der HERR möge Jerusalem Frieden geben.
Und an diesem Orte will ich Frieden geben, spricht der HERR der Heerscharen. Haggai 2,9

TAG 19 ~ Gott soll eine feurige Mauer um die Stadt her sein.
Und ich selbst, spricht der HERR, will eine feurige Mauer um sie her und Herrlichkeit in ihrer Mitte sein. Sacharja 2,5

TAG 20 ~ DEN GERECHTEN SOLL ES WOHLERGEHEN, DAMIT DIE GANZE STADT SICH FREUT.
Wenn es den Gerechten wohlgeht, so freut sich die ganze Stadt; und wenn die Gottlosen umkommen, so jubelt man. Sprüche 11,10

TAG 21 ~ Segne die Witwen, Waisen, Fremden und Armen.
Bedrücket Witwen und Waisen nicht, auch nicht den Fremdling und den Armen, und denke keiner etwas Arges in seinem Herzen wider seinen Bruder. Sacharja 7,10

TAG 22 ~ Möge Jerusalem Deine Kraft erfahren, oh HERR.
Da antwortete er und sprach zu mir: Das ist das Wort des HERRN an Serubbabel; es lautet also: Nicht durch Heer und nicht durch Kraft, sondern durch meinen Geist! spricht der HERR der Heerscharen. Sacharja 4,6

TAG 23 ~ Jerusalem soll „die Stadt der Wahrheit" heißen.
So spricht der HERR: Ich bin wieder nach Zion zurückgekehrt, und ich will Wohnung nehmen in Jerusalem, und Jerusalem soll «die Stadt der Wahrheit» heißen und der Berg des HERRN der Heerscharen «der heilige Berg». Sacharja 8,3

TAG 24 ~ Möge der HERR ihr Gott sein in Wahrheit und Gerechtigkeit.
Und ich will sie hereinführen, daß sie mitten in Jerusalem wohnen sollen; und sie sollen mein Volk sein, und ich will ihr Gott sein in Wahrheit und Gerechtigkeit. Sacharja 8,8

TAG 25 ~ Recht und Gerechtigkeit sollen geübt werden in deinen Toren.
Das ist es aber, was ihr tun sollt: Redet untereinander die Wahrheit, übet treulich Recht und schaffet Frieden in euren Toren; Sacharja 8,16

TAG 26 ~ Du bist Gottes Augapfel!
Denn also spricht der HERR der Heerscharen: Um Ehre zu erlangen, hat er mich gesandt zu den Nationen, die euch geplündert haben; denn wer euch antastet, der tastet seinen Augapfel an. Sacharja 2,8

TAG 27 ~ Es sollen dort viele Boten des HERRN der Heerscharen sein.
Das Gesetz der Wahrheit war in seinem Munde, und nichts Verkehrtes wurde auf seinen Lippen erfunden; er wandelte mit mir friedsam und rechtschaffen, und viele brachte er zur Umkehr von der Missetat. Denn des Priesters Lippen sollen die Erkenntnis bewahren, und aus seinem Munde soll man das Gesetz erfragen; denn er ist ein Bote des HERRN der Heerscharen. Maleachi 2,6.7

TAG 28 ~ Deine Segnungen sollen in überreicher Fülle ausgegossen werden.
Bringet aber den Zehnten ganz in das Kornhaus, auf daß Speise in meinem Hause sei, und prüfet mich doch dadurch, spricht der HERR der Heerscharen, ob ich euch nicht des Himmels Fenster auftun und euch Segen in überreicher Fülle herabschütten werde! Maleachi 3,10

TAG 29 ~ Jerusalem soll Heilung erfahren.
Euch aber, die ihr meinen Namen fürchtet, soll aufgehen die Sonne der Gerechtigkeit und Heilung unter ihren Flügeln; und ihr werdet herauskommen und hüpfen wie Kälber aus dem Stall. Maleachi 4,2

TAG 30 ~ GESEGNET SEI DIE STADT, DEREN GOTT DER HERR IST.
Wohl dem Volk, dessen Gott der HERR ist, dem Volk, das er sich zum Erbe erwählt hat! Psalm 33,12

Daraufhin sagte der Engel zu mir: Du sollst verkünden:
So spricht der HERR, der Herrscher der Welt:
Ich bin voll brennender Liebe zu Jerusalem
und zum Berg Zion.
Sacharja 1:14

NOTIZEN

OKTOBER

Freu dich, du Zionsstadt! Jubelt laut, ihr Bewohner Jerusalems! Seht, euer König kommt zu euch! Er bringt Gerechtigkeit, Gott steht ihm zur Seite. Demütig ist er vor seinem Gott. Er reitet auf einem Esel, auf einem starken Eselshengst. Sacharja 9:9

»Sagt der Zionsstadt:
Dein König kommt jetzt zu dir!
Er verzichtet auf Gewalt.
Er reitet auf einem Esel
und auf einem Eselsfohlen,
dem Jungen eines Lasttiers.«
Matthäus 21:5

Jüdische Festtage im Oktober

3.Mose 23. 33,34

Weiter ließ der HERR den Leuten von Israel durch Mose sagen: »Am 15. Tag des 7. Monats beginnt das Laubhüttenfest. Es wird zu Ehren des HERRN sieben Tage lang gefeiert. Der erste Tag ist ein heiliger Tag... Der achte Tag ist wieder ein heiliger Tag, an dem ihr Opfer für den HERRN verbrennt; ihr kommt an diesem Tag zur großen Festversammlung zusammen und dürft keinerlei Arbeit verrichten.

OKTOBER

TAG 1 ~ BITTET FÜR DEN FRIEDEN JERUSALEMS.
Bittet für den Frieden Jerusalems! Es gehe wohl denen, die dich lieben!
Psalm 122,6

TAG 2 ~ GOTT SEGNE DIE GLÄUBIGEN MIT JEDEM GEISTLICHEN SEGEN IN CHRISTUS.
Gepriesen sei der Gott und Vater unseres Herrn Jesus Christus, der uns gesegnet hat mit jedem geistlichen Segen in den himmlischen [Regionen] in Christus. Epheser 1,3

TAG 3 ~ Segne die Armen im Geist.
Glückselig sind die geistlich Armen, denn ihrer ist das Reich der Himmel!
Matthäus 5,3

TAG 4 ~ Segne die Trauernden.
Glückselig sind die Trauernden, denn sie sollen getröstet werden!
Matthäus 5,4

TAG 5 ~ Segne die Sanftmütigen.
Glückselig sind die Sanftmütigen, denn sie werden das Land erben!
Matthäus 5,5

TAG 6 ~ Segne alle, die nach Gerechtigkeit trachten.
Glückselig sind, die nach der Gerechtigkeit hungern und dürsten, denn sie sollen satt werden! Matthäus 5,6

TAG 7 ~ Segne die Barmherzigen.
Glückselig sind die Barmherzigen, denn sie werden Barmherzigkeit erlangen! Matthäus 5,7

TAG 8 ~ Segne, die reinen Herzens sind.
Glückselig sind, die reinen Herzens sind, denn sie werden Gott schauen!
Matthäus 5,8

TAG 9 ~ Segne die Friedfertigen.
Glückselig sind die Friedfertigen, denn sie werden Söhne Gottes heißen! Matthäus 5,9

TAG 10 ~ SUCHT DEN FRIEDEN UND DAS WOHLERGEHEN DER STADT.
Suchet auch den Frieden der Stadt, dahin ich euch habe gefangen führen lassen; denn in ihrem Frieden werdet auch ihr Frieden haben! Jeremia 29,7

TAG 11 ~ Behüte alle, die Dir treu sind.
Gnade und Wahrheit werden den König behüten; durch Gnade befestigt er seinen Thron. Sprüche 20,28

TAG 12 ~ Die Kinder Jerusalems sollen gesegnet sein.
Und er nahm sie auf die Arme, legte ihnen die Hände auf und segnete sie. Markus 10,16

TAG 13 ~ Mögen auch die Reichen Gott finden.
Da blickte Jesus umher und sprach zu seinen Jüngern: Wie schwer werden die Reichen in das Reich Gottes eingehen! Markus 10,23

TAG 14 ~ Segne die Blinden in der Stadt.
Und als er hörte, dass es Jesus, der Nazarener, war, begann er zu rufen und sprach: Jesus, du Sohn Davids, erbarme dich über mich! Markus 10,47

TAG 15 ~ Mögen jene, die leiden, Frieden finden.
Er aber sprach zu ihr: Tochter, dein Glaube hat dich gerettet! Geh hin im Frieden und sei von deiner Plage gesund! Markus 5,34

TAG 16 ~ Segne alle, die Gottes Wort glauben.
Und glückselig ist, die geglaubt hat; denn es wird erfüllt werden, was ihr vom Herrn gesagt worden ist! Lukas 1,45

TAG 17 ~ Möge Gottes Barmherzigkeit alle erreichen, die Ihn fürchten.
Und seine Barmherzigkeit währt von Geschlecht zu Geschlecht über die, welche ihn fürchten. Lukas 1,50

TAG 18 ~ Gott soll dich von deinen Feinden erretten.
Dass wir, erlöst aus der Hand unserer Feinde, ihm dienten ohne Furcht in Heiligkeit und Gerechtigkeit vor ihm alle Tage unseres Lebens.
Lukas 1.74,75

TAG 19 ~ Der Herr Jesus sei ein Licht zur Offenbarung für die Heiden.
Ein Licht zur Offenbarung für die Heiden und zur Verherrlichung deines Volkes Israel! Lukas 2,32

TAG 20 ~ DEN GERECHTEN SOLL ES WOHLERGEHEN, DAMIT DIE GANZE STADT SICH FREUT.
Wenn es den Gerechten wohlgeht, so freut sich die ganze Stadt; und wenn die Gottlosen umkommen, so jubelt man. Sprüche 11,10

TAG 21 ~ DER HERR SÄTTIGE DIE HUNGRIGEN.
Hungrige sättigt er mit Gütern, und Reiche schickt er leer fort. Lukas 1,53

TAG 22 ~ Es sollen viele da sein mit großem Glauben.
Als Jesus das hörte, verwunderte er sich über ihn und wandte sich um und sprach zu der Menge, die ihm nachfolgte: Ich sage euch: Einen so großen Glauben habe ich in Israel nicht gefunden! Lukas 7,9

TAG 23 ~ Segne die messianisch-jüdischen Gläubigen in der Stadt.
Und glückselig ist, wer nicht Anstoß nimmt an mir! Lukas 7,23

TAG 24 ~ Möge die Gnade Gottes dich erfüllen.
Und aus seiner Fülle haben wir alle empfangen Gnade um Gnade.
Johannes 1,16

TAG 25 ~ Möge Jeschua (Jesus) das Brot des Lebens sein.
Jesus aber sprach zu ihnen: Ich bin das Brot des Lebens. Wer zu mir

GEBET FÜR REGEN

Wenn ihr wirklich die Weisungen des HERRN, die ich euch heute verkünde, befolgt und ihn, euren Gott, mit ganzem Herzen und mit allen Kräften liebt und ehrt, 14 wird er euren Feldern zur rechten Zeit Regen schicken, im Herbst und im Frühjahr. Ihr werdet Korn, Wein und Öl ernten können 15 und euer Vieh wird Gras zum Weiden finden.

5. Mose 11:13,14

Am letzten Tag des Laubhüttenfestes beginnen religiöse Juden für Regen zu beten.

Der ***Joreh***, der Frühregen, d.h. der erste Regen nach dem langen, trockenen Sommer, beginnt meistens gegen Ende Oktober/Anfang November, - dies ist immer ein Grund zur Freude und Dankbarkeit. Die Felder können dann gepflügt und für die Ernte im kommenden Jahr vorbereitet werden.

Geschem – ist der Winterregen, der hauptsächlich zwischen Mitte Dezember und März manchmal in Strömen herabgießt.

Melkosch ist das hebräische Wort für „Spätregen", der im Frühling fällt und für das Wachstum von Weizen und Gerste notwendig ist.

Regenströme über Gilo, mit Blick von Ramat Denia

kommt, den wird nicht hungern, und wer an mich glaubt, den wird niemals dürsten. Johannes 6,35

TAG 26 ~ Jeschua (Jesus) soll das Licht Jerusalems sein.
Solange ich in der Welt bin, bin ich das Licht der Welt. Johannes 9,5

TAG 27 ~ Gesegnet sei Jeschua (Jesus), der gute Hirte.
Ich bin der gute Hirte; der gute Hirte lässt sein Leben für die Schafe. Johannes 10,11

TAG 28 ~ Segne alle, die erkannt haben, dass Jeschua (Jesus) der einzige Weg ist.
Jesus spricht zu ihm: Ich bin der Weg und die Wahrheit und das Leben; niemand kommt zum Vater als nur durch mich! Johannes 14,6

TAG 29 ~ Es sollen viele in der Stadt sein, die sich leiten lassen vom Geist der Wahrheit.
Wenn aber jener kommt, der Geist der Wahrheit, so wird er euch in die ganze Wahrheit leiten; denn er wird nicht aus sich selbst reden, sondern was er hören wird, das wird er reden, und was zukünftig ist, wird er euch verkündigen. Johannes 16,13

TAG 30 ~ GESEGNET SEI DIE STADT, DEREN GOTT DER HERR IST.
Wohl dem Volk, dessen Gott der HERR ist, dem Volk, das er sich zum Erbe erwählt hat! Psalm 33,12

TAG 31 ~ Der Name der Stadt soll lauten: DER HERR IST HIER – JAHWEH SCHAMMA!
Und der Name der Stadt soll fortan lauten: 'Der HERR ist hier!' Hesekiel 48,35

NOTIZEN

NOVEMBER

Der Ölberg mit der Auferstehungskirche

Die Söhne deiner Unterdrücker und alle, die dich verspottet haben, beugen sich tief und werfen sich vor dir nieder. Sie nennen dich: 'Zion, die Stadt, die dem HERRN, dem heiligen Gott Israels, gehört'.
Jesaja 60:14

NOVEMBER

TAG 1 ~ BITTET FÜR DEN FRIEDEN JERUSALEMS.
Bittet für den Frieden Jerusalems! Es gehe wohl denen, die dich lieben! Psalm 122,6

TAG 2 ~ GOTT MÖGE DIE GLÄUBIGEN ERFÜLLEN MIT DER ERKENNTNIS SEINES WILLENS.
Weshalb wir auch von dem Tage an, da wir es vernommen haben, nicht aufhören, für euch zu beten und zu bitten, daß ihr erfüllt werdet mit der Erkenntnis Seines Willens in aller geistlichen Weisheit und Einsicht. Kolosser 1,9

TAG 3 ~ Selig (gesegnet) sind, die nicht sehen und doch glauben.
Jesus spricht zu ihm: Weil du mich gesehen hast, Thomas, so glaubst du; selig sind, die nicht sehen und doch glauben. Johannes 20,29

TAG 4 ~ Viele sollen im Gebet einmütig zusammenkommen.
Diese alle verharrten einmütig im Gebet, samt den Frauen und Maria, der Mutter Jesu, und seinen Brüdern. Apostelgeschichte 1,14

TAG 5 ~ Mögen viele umkehren, Buße tun und getauft werden.
Petrus aber sprach zu ihnen: Tut Buße, und ein jeder von euch lasse sich taufen auf den Namen Jesu Christi zur Vergebung eurer Sünden; so werdet ihr die Gabe des heiligen Geistes empfangen. Apostelgeschichte 2,38

TAG 6 ~ Der HERR soll den Gläubigen Kraft verleihen, Sein Wort mit aller Freimütigkeit zu sprechen.
Und nun, Herr, siehe an ihre Drohungen und verleihe deinen Knechten, mit aller Freimütigkeit dein Wort zu reden. Apostelgeschichte 4,29

TAG 7 ~ Viele Zeichen und Wunder sollen in der Stadt geschehen.
Durch die Hände der Apostel aber geschahen viele Zeichen und Wunder unter dem Volk; und sie waren alle einmütig beisammen in der Halle

Salomos... und immer mehr wurden hinzugetan, die an den Herrn glaubten, eine Menge von Männern und Frauen.
Apostelgeschichte 5,12.14

TAG 8 ~ Die Zahl der Gläubigen soll sich mehren.
Und das Wort Gottes nahm zu, und die Zahl der Jünger mehrte sich sehr zu Jerusalem, auch eine große Zahl von Priestern wurden dem Glauben gehorsam. Apostelgeschichte 6,7

TAG 9 ~ Viele sollen erkennen, dass ihre Sünden durch Jeschua (Jesus) vergeben sind.
So sei euch nun kund, ihr Männer und Brüder, daß euch durch diesen Vergebung der Sünden verkündigt wird. Apostelgeschichte 13,38

TAG 10 ~ SUCHT DEN FRIEDEN UND DAS WOHLERGEHEN DER STADT.
Suchet auch den Frieden der Stadt, dahin ich euch habe gefangen führen lassen; denn in ihrem Frieden werdet auch ihr Frieden haben!
Jeremia 29,7

TAG 11 ~ Die Regierung soll die Armen und Geringen mit Fairness richten.
Ein König, der die Geringen treulich richtet, dessen Thron wird beständig sein. Sprüche 29,14

TAG 12 ~ Möge das Wort des HERRN sich ausbreiten in der Stadt.
Das Wort des Herrn aber wurde durch das ganze Land getragen.
Apostelgeschichte 13,49

TAG 13 ~ Der HERR möge eure Herzen mit Freude erfüllen.
Und doch hat er sich selbst nicht unbezeugt gelassen, hat uns viel Gutes getan, uns vom Himmel Regen und fruchtbare Zeiten gegeben und unsre Herzen erfüllt mit Speise und Freude. Apostelgeschichte 14,17

TAG 14 ~ Mögen viele Menschen Frieden in Jeschua (Jesus) finden.
Da wir nun durch den Glauben gerechtfertigt sind, so haben wir Frieden mit Gott durch unsren Herrn Jesus Christus. Römer 5,1

TAG 15 ~ Mögen viele Menschen mit Gottes Geist erfüllt werden.
Ihr aber seid nicht im Fleische, sondern im Geiste, wenn anders Gottes Geist in euch wohnt; wer aber Christi Geist nicht hat, der ist nicht sein. Römer 8,9

TAG 16 ~ Oh HERR, lass alles zum Besten mitwirken, denen, die Dich lieben.
Wir wissen aber, daß denen, die Gott lieben, alles zum Besten mitwirkt, denen, die nach dem Vorsatz berufen sind. Römer 8,28

TAG 17 ~ Wenn Gott für dich ist, wer mag wider dich sein, Jerusalem?
Was wollen wir nun hierzu sagen? Ist Gott für uns, wer mag wider uns sein? Römer 8,31

TAG 18 ~ Nichts soll dich von der Liebe Gottes trennen.
Daß … weder Hohes noch Tiefes, noch irgend ein anderes Geschöpf uns zu scheiden vermag von der Liebe Gottes, die in Christus Jesus ist, unsrem Herr! Römer 8,39

TAG 19 ~ HERR, segne alle, die Dich anrufen.
Denn es ist kein Unterschied zwischen Juden und Griechen: alle haben denselben Herrn, der reich ist für alle, die ihn anrufen; denn wer den Namen des Herrn anrufen wird, der soll gerettet werden. Römer 10,12.13

TAG 20 ~ DEN GERECHTEN SOLL ES WOHLERGEHEN, DAMIT DIE GANZE STADT SICH FREUT.
Wenn es den Gerechten wohlgeht, so freut sich die ganze Stadt; und wenn die Gottlosen umkommen, so jubelt man. Sprüche 11,10

TAG 21 ~ GOTT ERKENNEN BEDEUTET, FÜR DIE SACHE DER ARMEN UND BEDRÄNGTEN EINZUTRETEN.

Ja, wenn man den Bedrängten und Armen zum Recht verhilft, dann steht es gut; heißt solches nicht, mich erkennen? spricht der HERR.
Jeremia 22,16

TAG 22 ~ Gott gebe dir Ausdauer und Geduld und ermutige dich.
Der Gott der Geduld und des Trostes aber gebe euch, untereinander eines Sinnes zu sein, Christus Jesus gemäß. Römer 15,5

TAG 23 ~ Einmütig und mit einem Munde sollt ihr Gott verherrlichen.
Damit ihr einmütig, mit einem Munde Gott und den Vater unsres Herrn Jesus Christus lobet. Römer 15,6

TAG 24 ~ Möge der Satan unter euren Füßen zermalmt werden.
Der Gott des Friedens aber wird den Satan unter euren Füßen zermalmen in kurzem! Die Gnade unsres Herrn Jesus Christus sei mit euch!
Römer 16,20

TAG 25 ~ Du sollst Geduld, Hoffnung und Glauben erlangen.
Seid fröhlich in Hoffnung, in Trübsal haltet stand, seid beharrlich im Gebet! Römer 12,12

TAG 26 ~ Viele sollen Gott lieben, damit sie von Ihm erkannt werden.
Wenn aber jemand Gott liebt, der ist von ihm erkannt. 1. Korinther 8,3

TAG 27 ~ Möge Gott mit euch wohnen und unter euch wandeln.
Wie reimt sich der Tempel Gottes mit Götzenbildern zusammen? Ihr aber seid ein Tempel des lebendigen Gottes, wie Gott spricht: „Ich will in ihnen wohnen und unter ihnen wandeln und will ihr Gott sein, und sie sollen mein Volk sein.“ 2. Korinther 6,16

TAG 28 ~ Du sollst Gnade im Überfluß empfangen.
Gott aber ist mächtig, euch jede Gnade im Überfluß zu spenden, so daß ihr in allem allezeit alle Genüge habet und überreich seiet zu jedem guten Werk. 2. Korinther 9,8

TAG 29 ~ Du sollst Gnade, Liebe und Gemeinschaft erleben.
Die Gnade des Herrn Jesus Christus und die Liebe Gottes und die Gemeinschaft des heiligen Geistes sei mit euch allen. 2. Korinther 13,14

TAG 30 ~ GESEGNET SEI DIE STADT, DEREN GOTT DER HERR IST.
Wohl dem Volk, dessen Gott der HERR ist, dem Volk, das er sich zum Erbe erwählt hat! Psalm 33,12

NOTIZEN

DEZEMBER

[Jerusalem]
Dein Leben zeigt sich dann in neuem Licht und strahlt noch heller als die Mittagssonne; nach aller Dunkelheit kommt Morgenglanz. Du lebst in Sicherheit, mit neuer Hoffnung; du bist beschämt, doch kannst du ruhig schlafen. In deinem Frieden wird dich niemand stören, doch viele werden kommen, dir zu schmeicheln.
Ijob 11:17-19

Jüdische Festtage im Dezember

Johannes 10. 22-25 . Jesus und Chanukah

Es war im Winter, als in Jerusalem das Fest zur Erinnerung an die Wiedereinweihung des Tempels gefeiert wurde. Jesus ging im Tempel in der Salomohalle umher. Da umringten ihn die Leute und fragten: »Wie lange willst du uns noch hinhalten? Sag es uns frei heraus: Bist du der versprochene Retter?« Jesus antwortete: »Ich habe es euch schon gesagt, aber ihr wollt mir nicht glauben. Die Taten, die ich im Auftrag meines Vaters vollbringe, sprechen für mich.

DEZEMBER

TAG 1 ~ BITTET FÜR DEN FRIEDEN JERUSALEMS.
Bittet für den Frieden Jerusalems! Es gehe wohl denen, die dich lieben!
Psalm 122,6

TAG 2 ~ DEN GEIST DER KRAFT, DER LIEBE UND DER BESONNENHEIT MÖGE GOTT DEN GLÄUBIGEN GEBEN.
Denn Gott hat uns nicht einen Geist der Furchtsamkeit gegeben, sondern der Kraft und der Liebe und der Zucht. 2. Timotheus 1,7

TAG 3 ~ Möge die Frucht des Geistes bei den Gläubigen sichtbar sein.
Die Frucht des Geistes aber ist Liebe, Freude, Friede, Langmut, Freundlichkeit, Güte, Treue, Sanftmut, Selbstbeherrschung. Galater 5,22

TAG 4 ~ Die mannigfaltige Weisheit Gottes soll bekannt gemacht werden.
Damit jetzt den Fürstentümern und Gewalten in den himmlischen [Regionen] durch die Gemeinde die mannigfaltige Weisheit Gottes bekannt gemacht werde. Epheser 3,10

TAG 5 ~ Möge Jerusalem den Frieden Gottes erfahren.
Und der Friede Gottes, der allen Verstand übersteigt, wird eure Herzen und eure Gedanken bewahren in Christus Jesus! Philipper 4,7

TAG 6 ~ Möge die Fülle Gottes in Jerusalem offenbar sein.
Denn in ihm wohnt die ganze Fülle der Gottheit leibhaftig; und ihr seid zur Fülle gebracht in ihm, der das Haupt jeder Herrschaft und Gewalt ist. Kolosser 2,9.10

TAG 7 ~ Der Gott des Friedens heilige Jerusalem.
Er selbst aber, der Gott des Friedens, heilige euch durch und durch, und euer ganzes [Wesen], der Geist, die Seele und der Leib, möge untadelig bewahrt werden bei der Wiederkunft unseres Herrn Jesus Christus! 1. Thessalonicher 5,23

TAG 8 ~ Möge Jerusalem ewige Hoffnung und Ermutigung erhalten.
Er selbst aber, unser Herr Jesus Christus, und unser Gott und Vater, der uns geliebt hat und uns einen ewigen Trost und eine gute Hoffnung gegeben hat durch Gnade. 2. Thessalonicher 2,16

TAG 9 ~ Möge Gottes Gnade über Jerusalem ausgegossen werden.
Und die Gnade unseres Herrn wurde über alle Maßen groß samt dem Glauben und der Liebe, die in Christus Jesus ist. 1.Timotheus 1,14

TAG 10 ~ SUCHT DEN FRIEDEN UND DAS WOHLERGEHEN DER STADT.
Suchet auch den Frieden der Stadt, dahin ich euch habe gefangen führen lassen; denn in ihrem Frieden werdet auch ihr Frieden haben!
Jeremia 29,7

TAG 11 ~ Betet für (segnet) die Menschen in Verantwortung in Jerusalem
So ermahne ich nun, dass man vor allen Dingen Bitten, Gebete, Fürbitten und Danksagungen darbringe für alle Menschen, für Könige und alle, die in hoher Stellung sind, damit wir ein ruhiges und stilles Leben führen können in aller Gottesfurcht und Ehrbarkeit.
1.Timotheus 2,1.2

TAG 12 ~ Möge Gottes Gnade Heil bringen für alle Menschen.
Denn die Gnade Gottes ist erschienen, die heilbringend ist für alle Menschen. Titus 2,11

TAG 13 ~ Segnet die Menschen, die ihren Glauben bezeugen.
Damit deine Gemeinschaft im Hinblick auf den Glauben für Christus Jesus wirksam werde durch die Erkenntnis all des Guten, das in euch ist.
Philemon 6

TAG 14 ~ Segnet die Gläubigen, die am Bekenntnis der Hoffnung festhalten, ohne zu wanken.
Lasst uns festhalten am Bekenntnis der Hoffnung, ohne zu wanken –

denn er ist treu, der die Verheißung gegeben hat. Hebräer 10,23

TAG 15 ~ Jerusalem soll Gottes Heiligkeit wiederspiegeln.
Denn jene haben uns für wenige Tage gezüchtigt, so wie es ihnen richtig erschien; er aber zu unserem Besten, damit wir seiner Heiligkeit teilhaftig werden.... Jagt nach dem Frieden mit jedermann und der Heiligung, ohne die niemand den Herrn sehen wird! Hebräer 12,10.14

TAG 16 ~ Der HERR vollende das gute Werk, das Er begonnen hat.
Der Gott des Friedens aber, der unseren Herrn Jesus aus den Toten heraufgeführt hat, den großen Hirten der Schafe durch das Blut eines ewigen Bundes, er rüste euch völlig aus zu jedem guten Werk, damit ihr seinen Willen tut, indem er in euch das wirkt, was vor ihm wohlgefällig ist, durch Jesus Christus. Ihm sei die Ehre von Ewigkeit zu Ewigkeit! Amen. Hebräer 13,20.21

TAG 17 ~ Segne jene, die die Anfechtung erdulden.
Glückselig ist der Mann, der die Anfechtung erduldet; denn nachdem er sich bewährt hat, wird er die Krone des Lebens empfangen, welche der Herr denen verheißen hat, die ihn lieben. Jakobus 1,12

TAG 18 ~ Gott möge Jerusalem zu einer im Glauben gefestigten, starken Stadt. zubereiten.
Der Gott aller Gnade aber, der uns berufen hat zu seiner ewigen Herrlichkeit in Christus Jesus, er selbst möge euch, nachdem ihr eine kurze Zeit gelitten habt, völlig zubereiten, festigen, stärken, gründen! 1.Petrus 5,10

TAG 19 ~ Möge Jerusalem von jeglicher Korruption, Bestechlichkeit und jedem Verderben befreit werden.
Durch welche er uns die überaus großen und kostbaren Verheißungen gegeben hat, damit ihr durch dieselben göttlicher Natur teilhaftig werdet, nachdem ihr dem Verderben entflohen seid, das durch die Begierde in der Welt herrscht. 2. Petrus 1,4

TAG 20 ~ DEN GERECHTEN SOLL ES WOHLERGEHEN, DAMIT DIE GANZE STADT SICH FREUT.
Wenn es den Gerechten wohlgeht, so freut sich die ganze Stadt; und wenn die Gottlosen umkommen, so jubelt man. Sprüche 11,10

TAG 21 ~ Möge es den Menschen in Jerusalem wohlergehen und sie sich guter Gesundheit erfreuen.
Mein Lieber, ich wünsche dir in allen Dingen Wohlergehen und Gesundheit, so wie es deiner Seele wohlgeht! 3. Johannes 2

TAG 22 ~ Das Volk in Jerusalem soll im Lichte Gottes wandeln.
Wenn wir aber im Licht wandeln, wie er im Licht ist, so haben wir Gemeinschaft miteinander, und das Blut Jesu Christi, seines Sohnes, reinigt uns von aller Sünde.1. Johannes 1,7

TAG 23 ~ Die Jerusalemer sollen nach den Geboten Gottes wandeln.
Und darin besteht die Liebe, dass wir nach seinen Geboten wandeln; dies ist das Gebot, wie ihr es von Anfang an gehört habt, dass ihr darin wandeln sollt. 2. Johannes 6

TAG 24 ~ Die Gläubigen sollen im Glauben auferbaut werden.
Ihr aber, Geliebte, erbaut euch auf euren allerheiligsten Glauben und betet im Heiligen Geist; bewahrt euch selbst in der Liebe Gottes und hofft auf die Barmherzigkeit unseres Herrn Jesus Christus zum ewigen Leben. Judas 20,21

TAG 25 ~ EHRE SEI GOTT IN DER HÖHE!
Herrlichkeit [ist] bei Gott in der Höhe und Friede auf Erden, [und] unter den Menschen [Gottes] Wohlgefallen! Lukas 2,14
TAG 26 ~ Segne alle, die sich Gottes Wort zu Herzen nehmen.
Glückselig ist, der die Worte der Weissagung liest, und die sie hören und bewahren, was darin geschrieben steht! Denn die Zeit ist nahe. Offenbarung 1,3

TAG 27 ~ Gesegnet seien alle, die nach dem lebendigen Wasser dürsten.
Und er sprach zu mir: Es ist geschehen! Ich bin das A und das O, der Anfang und das Ende. Ich will dem Dürstenden geben aus dem Quell des Wassers des Lebens umsonst! Offenbarung 21,6

TAG 28 ~ Die Herrlichkeit Gottes möge die Stadt erleuchten.
Und die Stadt bedarf nicht der Sonne, noch des Mondes, dass sie in ihr scheinen; denn die Herrlichkeit Gottes erleuchtet sie, und ihre Leuchte ist das Lamm. Offenbarung 21,23

TAG 29 ~ Segne alle, die Gottes Gebote halten.
Glückselig sind, die seine Gebote tun, damit sie Anrecht haben an dem Baum des Lebens und durch die Tore in die Stadt eingehen können. Offenbarung 22,14

TAG 30 ~ GESEGNET SEI DIE STADT, DEREN GOTT DER HERR IST.
Wohl dem Volk, dessen Gott der HERR ist, dem Volk, das er sich zum Erbe erwählt hat! Psalm 33,12

TAG 31 ~ Der Name der Stadt soll lauten: DER HERR IST HIER – JAHWEH SCHAMMA!
Und der Name der Stadt soll fortan lauten: ´Der HERR ist hier!´ Hesekiel 48,35

NOTIZEN

Lass dich nicht vom Bösen besiegen,
sondern überwinde es durch das Gute!
Römer 12:21

CHANUKKA

Einige Jahrhunderte vor der Zeit Christi kam Jerusalem immer mehr unter den Einfluss des griechischen Hellenismus. Im Vergleich mit der neuen großen griechischen Kultur verlor die jüdische Nationalität und Herkunft für viele immer mehr an Bedeutung. Anstatt die einzigartige Botschaft Jerusalems zu verkünden, - der Stadt, wo Gottes „Schechinah" (heilige Gegenwart Gottes) gegenwärtig gewesen war, bekam die jüdische Hauptstadt eine billige Kopie von Athen und Alexandria.

Eine kleine Gruppe mutiger Juden stand gegen das Heidentum auf, und obwohl für den Leuchter des Tempels nur wenig Öl vorhanden war, brannte das Öl in der Menorah im Tempel acht Tage lang. *„Nes Gadol Haja Po"* – ein großes Wunder geschah hier. Darum geht es bei **Chanukka**, und deshalb singen wir: *„Banu choschech legaresch"* – wir sind gekommen, um die Dunkelheit zu vertreiben!

„In jeder Generation gab es Menschen, die gegen uns waren und versuchten uns zu vernichten, doch der Allmächtige, gesegnet sei ER, rettete uns aus ihren Händen." (Auszug aus der Pessach Hagadah)

Durch die Jahrhunderte hindurch war das jüdische Volk von Dunkelheit umgeben und erlebte eine Tragödie nach der anderen. Aber selbst dann gab es immer noch eine Handvoll Menschen, die sagten: „Es werde Licht!"

Gottes Feind (Widersacher) beabsichtigt immer noch, Jerusalem zu zerstören. Der geistliche Kampf um Jerusalem hat nie aufgehört. Als nicht-jüdische Gläubige, die in den Ölbaum (Israel) eingepflanzt sind, können wir beten, dass Gott Seine Gnade ausgießt über der Stadt und Seine Kraft und Macht in Jerusalem wirksam werden lässt. Und was noch wichtiger ist: Jerusalem zu segnen. Und gemeinsam mit dem jüdischen Volk – Gottes Augapfel – dürfen wir uns freuen auf das Neue Jerusalem, das man nennen wird: **„Die Stadt, dessen Gott der HERR ist!"**